NEM PRETO
NEM BRANCO,
   MUITO PELO
   CONTRÁRIO

OUTROS TÍTULOS DA COLEÇÃO AGENDA BRASILEIRA

*Cidadania, um projeto em construção:*
*Minorias, justiça e direitos*
André Botelho
Lilia Moritz Schwarcz
[organizadores]

*As figuras do sagrado:*
*Entre o público e o privado na religiosidade brasileira*
Maria Lucia Montes

*Índios no Brasil: História, direitos e cidadania*
Manuela Carneiro da Cunha

*Mocambos e quilombos:*
*Uma história do campesinato negro no Brasil*
Flávio dos Santos Gomes

*Se liga no som: As transformações do rap no Brasil*
Ricardo Teperman

*O século da escassez: Uma nova cultura de cuidado*
*com a água: impasses e desafios*
Marussia Whately
Maura Campanili

COLEÇÃO AGENDA BRASILEIRA

# NEM PRETO NEM BRANCO, MUITO PELO CONTRÁRIO

COR E RAÇA
NA SOCIABILIDADE
BRASILEIRA

Lilia Moritz Schwarcz

claroenigma
UMA EDITORA DO GRUPO COMPANHIA DAS LETRAS

Copyright © 2012 by Lilia Moritz Schwarcz

*Grafia atualizada segundo o Acordo Ortográfico da Língua Portuguesa de 1990, que entrou em vigor no Brasil em 2009.*

CAPA E PROJETO GRÁFICO
warrakloureiro

FOTO DE CAPA
Arquivo do Estado de São Paulo/
Fundo Última Hora

PREPARAÇÃO
Alexandre Boide

ÍNDICE REMISSIVO
Luciano Marchiori

REVISÃO
Ana Luiza Couto
Jane Pessoa

Dados Internacionais de Catalogação na Publicação (CIP)
(Câmara Brasileira do Livro, SP, Brasil)

Schwarcz, Lilia Moritz
    Nem preto nem branco, muito pelo contrário : cor e raça na sociabilidade brasileira / Lilia Moritz Schwarcz. — 1ª ed. — São Paulo : Claro Enigma, 2012.

ISBN 978-85-8166-023-3

1. Brasil – Relações raciais   2. Miscigenação   I. Título.

12-11780                       CDD-305.800981

Índice para catálogo sistemático:
1. Brasil : Relações raciais : Sociologia   305.800981

*10ª reimpressão*

Todos os direitos desta edição reservados à
EDITORA CLARO ENIGMA LTDA.
Rua Bandeira Paulista, 702, cj. 71
04532-002 – São Paulo – SP
Telefone: (11) 3707-3531
www.companhiadasletras.com.br
www.blogdacompanhia.com.br

SUMÁRIO

Histórias de miscigenação e outros contos 10

O laboratório racial brasileiro 20

Raça e silêncio 30

Pela história: um país de futuro branco
ou branqueado 37

Nos anos 1930 a estetização da democracia
racial: somos todos mulatos 45

Nas falácias do mito: falando da desigualdade racial 69

Cultura jurídica: raça como silêncio e como afirmação 79

Quando a desigualdade é da ordem da intimidade
e escapa à lei 88

Censo e contrassenso: nomes e cores
ou quem é quem no Brasil 97

Para terminar: "a descendência da falta,
ou levando a sério o mito" 107

NOTAS 121
BIBLIOGRAFIA 132
SOBRE A AUTORA 137
ÍNDICE REMISSIVO 139
CRÉDITOS DAS IMAGENS 147

Para Vanessa, que deu um jeito de reinventar este livro.

# NEM PRETO NEM BRANCO, MUITO PELO CONTRÁRIO*
## COR E RAÇA NA SOCIABILIDADE BRASILEIRA

\* Este texto representa uma releitura e atualização de alguns outros ensaios de minha própria autoria, que fui publicando ao longo dos anos. Em primeiro lugar, é largamente pautado no ensaio homônimo a este, e escrito originalmente para o quarto volume da *História da vida privada no Brasil: Contrastes da intimidade contemporânea* (São Paulo: Companhia das Letras, 1998). Em segundo lugar, apresenta reflexões presentes no ensaio "Nina Rodrigues: um radical do pessimismo", parte da coletânea *Um enigma chamado Brasil*, coordenada por André Botelho e por mim (Companhia das Letras, 2009).

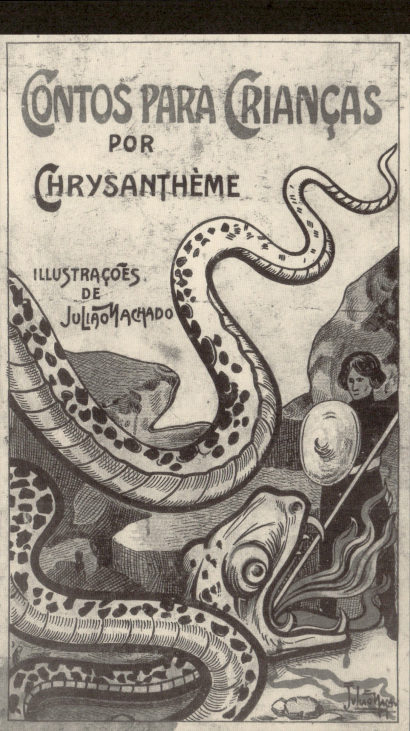

Primeira edição do livro que traz o conto
"A princesa negrina".

## HISTÓRIAS DE MISCIGENAÇÃO E OUTROS CONTOS

O livro *Contos para crianças*, publicado no Brasil em 1912 e na Inglaterra em 1937,[1] contém uma série de histórias cujo tema central é muitas vezes o mesmo: como uma pessoa negra pode tornar-se branca. Esse é, também, o núcleo narrativo do conto "A princesa negrina". Na história — que parece um misto de "Bela Adormecida", "A Bela e a Fera" e "Branca de Neve", tudo isso aliado a narrativas bíblicas nos trópicos —, um bondoso casal real lamenta-se de sua má sorte: depois de muitos anos de matrimônio, Suas Majestades ainda não haviam sido presenteadas com a vinda de um herdeiro. No entanto, como recompensa por suas boas ações — afinal, nos contos de fadas os reis e cônjuges legítimos são sempre generosos —, o casal tem a oportunidade de fazer um último pedido à fada madrinha. E é a rainha que, comovida, exclama: "Oh! Como eu gostaria de ter uma filha, mesmo que fosse escura como a noite que reina lá fora". O pedido continha uma metáfora, mas foi atendido de forma literal, pois nasceu uma criança "preta como o carvão". E a figura do bebê escuro causou tal "comoção" em todo o reino que a fada não teve outro remédio senão alterar sua primeira dádiva: não podendo transformar "a cor preta na mimosa cor de leite", prometeu que, se a menina permanecesse no castelo até seu aniversário de dezesseis anos, teria sua cor subitamente transformada "na cor branca que seus pais tanto almejavam". Contudo, se desobedecessem à ordem, a profecia não se realizaria e o futuro dela "não seria negro só na cor". Dessa maneira, Rosa Negra cresceu sendo descrita pelos poucos serviçais que com ela conviviam como "terrivelmente preta", mas, "a despeito dessa falta, imensamente bela". Um dia, porém, a pequena princesa negra, isolada em seu palácio, foi tentada por uma serpente, que a convidou a sair pelo mundo. Inocente, e desconhecendo a promessa de seus pais, Rosa Negra deixou o palácio e imediatamente conheceu o horror e a traição, conforme previra sua madrinha. Em meio ao desespero, e tentando salvar-se do desamparo, concordou, por fim, em se casar com "o animal mais asqueroso que existe sobre a Terra" — "o odioso Urubucaru". Após a cerimônia de casamento, já na noite de núpcias, a pobre princesa preta não conseguia conter o choro: não por causa da feição deformada de seu marido, e sim porque nunca mais seria branca. "Eu agora perdi todas as esperanças de me tornar branca", lamentava-se nossa heroína diante de seu não menos desafortunado esposo. Nesse momento, algo surpreendente aconteceu: "Rosa Negra viu seus braços envolverem o mais belo e nobre jovem homem que já se pôde imaginar, e Urubucaru, agora o Príncipe Diamante, tinha os meigos olhos fixos sobre a mais alva princesa que jamais se vira". Final da história: belo e branco, o casal conheceu para sempre "a real felicidade".[2]

Dizem que "quem conta um conto aumenta um ponto". Se o dito é verdadeiro, a insistência na ideia de branqueamento, o suposto de que quanto mais branco melhor, fala não apenas de um acaso ou de uma ingênua coincidência em uma narrativa infantil, mas de uma série de valores dispersos na nossa sociedade e presentes nos espaços pretensamente mais impróprios. A cor branca, poucas vezes explicitada, é sempre uma alusão, quase uma bênção; um símbolo dos mais operantes e significativos, até os dias de hoje.

Afinal, desde que o Brazil é Brasil, ou melhor, quando era ainda uma América portuguesa, o tema da cor nos distinguiu. Os primeiros viajantes destacavam sempre a existência de uma natureza paradisíaca, mas lamentavam a "estranheza de nossas gentes". Muito se comentou sobre essas novas gentes desse igualmente novo mundo, mas do lado dos relatos ibéricos o mais famoso é talvez o do viajante português Gândavo, que deu forma canônica ao debate que, desde Caminha e Vespúcio, mencionava a ambivalência entre a existência do éden ou da barbárie nessas terras perdidas. O Brasil seria o paraíso ou o inferno? Seus habitantes, ingênuos ou viciados? Ou seja, a presença do motivo edênico e paradisíaco da terra começou com os primeiros europeus que dela se acercaram. Está presente já em Caminha, e logo depois em 1503, na carta de Américo Vespúcio, que ficou conhecida como *Mundus novo* — na qual declarou que o paraíso terreal não estaria longe dessas terras —, e também em Gândavo, em sua *História da Província de Santa Cruz de 1576,* que descreveria o país a partir de sua fertilidade e de seu clima ameno e receptivo.[3] Mas Gândavo também seria autor de uma máxima que definiria de forma direta não tanto a natureza do Brasil, mas seus naturais: povos sem F, sem L e sem R: sem fé, sem lei, sem rei. Pero Magalhães de Gândavo, provavelmente um copista da Torre do Tombo, um criado e moço da Câmara de d. Sebastião e, por fim, um provedor da fazenda em 1576, discorreu sobre essa "multidão de bárbaros gentios". Não se sabe ao certo quem teria sido Gândavo, assim como não se tem absoluta certeza de sua estada no Brasil, mas o fato é que o próprio Pero Magalhães, na dedicatória a d. Luis Pereira, confessa ter escrito sua história como "testemunha vista". Além do mais, por ocasião da dedicatória do *Tratado da Província do Brasil* a d. Catarina, rainha de Portugal, declara o autor tê-lo feito para dar "novas particulares destas partes a V.A. onde alguns anos me achei e coligi esta breve informação na maior parte das coisas que aqui escrevi e experimentei".[4] Portanto, muita fábula cerca esse relato, cuja veracidade e a própria ideia de viagem parecem estar em questão. Existem duas versões de seu livro, cujo título definitivo viria a ser *História da Província de Santa Cruz a que vulgarmente chamamos Brasil*, possivelmente publicado entre 1570-2. O *Tratado* deve ter sido escrito antes da *História*, mas de toda maneira a versão mais acabada aparece em 1576, publicada em Lisboa.

No *Tratado*, Gândavo fala rapidamente do descobrimento, dá o nome dos donatários, menciona plantas, frutos, animais, bichos venenosos, aves e peixes, comenta os naturais da terra, e termina seu relato elevando os louvores e as grandezas da terra. O livro logo se tornou, porém, uma raridade, quem sabe por conta do receio que tinham os portugueses de que as riquezas da terra fossem descobertas e difundidas. Afinal, Gândavo começa seu relato com um "prólogo ao leitor", no qual afirma que sua intenção é "denunciar em breves palavras a fertilidade e abundância da terra do Brasil, para que essa fama venha à notícia de muitas pessoas que nestes reinos vivem com pobreza e não dividam escolhê-la para seu remédio: porque a mesma terra é tão natural e favorável aos estranhos que a todos agasalha e convida como remédio".[5] Essa era uma boa propaganda para portugueses desempregados e à procura de aventuras, mas era também, e infelizmente, um sinaleiro poderoso que alertava os inimigos, sobretudo franceses e ingleses, de olho nas terras divididas entre as coroas de Portugal e Espanha.

Gândavo em geral elogia a natureza local, as "qualidades da terra", menciona o clima e a terra fértil e viçosa, a claridade do sol, as águas sadias para beber e finalmente "esta terra tão deleitosa e temperada que nunca nela se sente frio nem quentura sobeja". Sobre os "mantimentos da terra", destaca o uso da mandioca, com o que fazem bolos e pão fresco, legumes, leite de vaca, arroz, fava, feijões. E conclui: "legumes não faltam [...] há muita abundância de marisco e de peixe por toda esta Costa; com estes mantimentos se sustentam os moradores do Brasil sem fazerem gastos nem diminuírem nada em suas fazendas".[6] Algo semelhante diz da caça e das frutas da terra: sempre abundantes no caso das frutas, as mais saborosas e variadas. Como se vê, todo o tom do livro é de clara propaganda da colônia do reino. Essa seria mesmo a terra da abundância e de uma eterna primavera.

No entanto, quando começa a falar dos índios locais, Gândavo parece bem mais cuidadoso em seus elogios. Começa dizendo: "Não se pode numerar nem compreender a multidão de bárbaro gentio que semeou a natureza por toda essa terra do Brasil; porque ninguém pode pelo sertão dentro caminhar seguro, nem passar por terra onde não ache povoações de índios armados contra todas as nações humanas e, assim, como são muitos, permitiu Deus que fossem contrários uns aos outros, e que houvessem entre eles grandes ódios e discórdias, porque se assim não fosse os portugueses não poderiam viver na terra nem seria possível conquistar tamanho poder de gente". E continua mais à frente: "a língua deste gentio toda pela costa é uma: carece de três letras — *scilicet*, não se acha nela F, nem L, nem R, coisa digna de espanto, porque assim não tem Fé, nem Lei, nem Rei; e desta maneira vivem sem Justiça e desordenadamente".[7] Povos sem F, L, R — sem fé, nem lei, nem rei —, eis a representação desses "naturais", caracterizados a partir da noção da "falta".

Seus costumes também causavam estranhamento: "andam nus sem cobertura alguma, assim machos e fêmeas; não cobrem parte nenhuma de seu corpo, e trazem descoberto quanto a natureza lhes deu".[8] Se por um lado a natureza era edenizada, os "naturais" não passavam no crivo do viajante. Gândavo também lamenta o fato de serem sempre "muito belicosos". Explica como tratam os prisioneiros, menciona as cordas que os amarram e como o atam pela cinta. Descreve ainda como os matam e os comem — "isto mais por vingança e por ódio que por se fartarem". Diz ainda que, se a moça que dormiu com o cativo estiver prenhe, "aquela criança que pare depois de criada, matam-na e comem-na".[9] De fato, Gândavo parecia não mostrar qualquer identificação com os selvagens brasileiros, afirmando: "finalmente que soa estes índios muito desumanos e cruéis, não se movem a nenhuma piedade: vivem como brutos animais sem ordem nem concerto de homens, soam muito desonestos e dados à sensualidade e entregam-se aos vícios como se neles não houvera razão de humanos [...] Todos comem carne humana e tem-na como a melhor iguaria de quantas pode haver [...] Estes índios vivem muito descansados, não têm cuidado de coisa alguma senão de comer e beber e matar gente; e por isso são muito gordos em extremo: e assim também com qualquer desgosto emagracem muito: e como se agastam de qualquer coisa comem terra e desta maneira morrem muitos deles bestialmente".[10]

Como se vê, ao descrever os indígenas brasileiros como "atrevidos, sem crença na alma, vingativos, desonestos e dados à sensualidade", Gândavo estabelece uma distinção fundamental entre a terra e seus homens: a edenização de um lado, o inferno de outro. O modelo era evidentemente etnocêntrico, e o que não correspondia ao que se conhecia era logo traduzido como ausência ou carência, e não como um costume diverso ou variado.

Diferente seria o relato de Montaigne, que em seu texto "Os canibais", ao discutir a maneira como os Tupinambás faziam a guerra, não só elogiou os "brasileiros", os quais, segundo ele, pelo menos sabiam por que lutavam, como, na esteira de viajantes como Jean de Lerys, passou a ver na América o alvorecer de uma nova humanidade. Informado do contexto das Guerras de Religião na Europa, o filósofo francês realiza um exercício de relatividade, encontrando mais lógica na maneira como os Tupinambás realizavam a guerra do que nos hábitos ocidentais: "Mas, voltando ao assunto, não vejo nada de bárbaro ou selvagem no que dizem daqueles povos; e, na verdade, cada qual considera bárbaro o que não pratica em sua terra". Muitas são as interpretações possíveis desse famoso ensaio. No nosso caso, importa sublinhar a construção de uma representação mais laudatória dessas gentes, tendo por base (e sombra) as guerras de religião que assolavam a Europa no século XVI: "Por certo em relação a nós são realmente selvagens, pois entre suas maneiras e as nossas há tão grande diferença que ou o são ou o somos nós".[11]

Montaigne teria concebido seu texto apoiado nos diálogos que estabeleceu com alguns índios que se haviam radicado no continente europeu após a festa em Rouen.[12] O fato é que a noção de diferença movimentava a imaginação de lado a lado e, enquanto os europeus indagavam pela alma dos indígenas e os traziam à Europa para deleite da "civilização", os nativos do Brasil afundavam os brancos em lagos a fim de entender se possuíam corpo ou não.[13]

Essa imagem, e a estranheza diante do "homem brasileiro", continuaria forte enquanto representação, e seria inclusive potencializada quando, em pleno século XVIII, J.-J. Rousseau defende a ideia do "bom selvagem". Tal qual uma idealização por contraposição, o nativo americano (e em especial sul-americano) surgia no *Discurso sobre a origem e o fundamento da desigualdade entre homens* (1775) como um modelo melhor para pensar a civilização ocidental do que sua própria natureza. O "bom selvagem" representava, aliás, um exemplo de humanidade ainda não conspurcada, pura em sua essência e positividade.

O importante é que no século XVIII a questão da diferença entre os homens é retomada tendo como referência o "homem americano". Mais uma vez, porém, as posições não foram unívocas. De um lado, afirmava-se um tipo de postura que advogava o voluntarismo iluminista e a ideia de "perfectibilidade humana" — a capacidade que qualquer ser humano tem de chegar à virtude ou mesmo de negá-la —, sem dúvida um dos maiores legados dos ideais da Revolução Francesa. Ao mesmo tempo, Humboldt com suas viagens não só restituía o "sentimento de natureza" e sua visão positiva da flora americana como opunha-se às teses mais detratoras, que negavam aos indígenas "a capacidade de civilização".

De outro lado, nesse mesmo contexto, tomam força correntes mais pessimistas, que anunciam uma visão negativa acerca desses povos e de seu território. Em 1749 chegam a público os três primeiros volumes da *Histoire naturelle* do conde de Buffon, que lançava a tese sobre a "debilidade" ou "imaturidade" do continente americano. Partindo da observação do pequeno porte dos animais existentes na América e do aspecto imberbe dos nativos, Buffon pretendia ter encontrado um continente infantil, retardado em seu desenvolvimento natural: "Vejamos então por que existem répteis tão grandes, insetos tão gordos, quadrúpedes tão pequenos e homens tão frios nesse novo mundo. O motivo é a qualidade da terra, a condição do céu, o grau de calor e umidade, a situação e elevação das montanhas, a qualidade das águas correntes ou paradas, a extensão das florestas, e sobretudo o estado bruto em que a natureza se encontra".[14] Na visão do naturalista, portanto, a natureza não se mostrara pródiga, ou ainda vital e repleta de energia criadora, naquele local. E é assim que a designação "Novo Mundo" passava a se referir mais à formação telúrica da América do que ao momento da colonização.

Buffon não representa, porém, um exemplo isolado. No ano de 1768 o abade Corneille de Pauw editava em Berlim *Recherches philosophiques sur les américans, ou Memoires interessants pour servir à l'histoire de l'espèce humaine*, em que retomava as noções de Buffon, mas radicalizando-as. O autor introduzia um viés original ao utilizar a noção de "degeneração" para designar o novo continente e suas gentes. Assolados por uma incrível preguiça e pela falta de sensibilidade, por uma vontade instintiva e uma evidente fraqueza mental, esses homens seriam "bestas decaídas", muito afastadas de qualquer possibilidade de perfectibilidade ou civilização.

Ganhavam forma, dessa maneira, duas imagens mais negativas: a de um mundo gasto e degradado, de um lado, e a de um mundo inacabado e imaturo, de outro. Nesta última perspectiva se associará Hegel, com a sua interpretação sobre as duas Américas: a anglo-saxônica e a ibérica, ou latina. Também nesse período, incentivados pelo rei Maximiliano José I da Baviera, o zoólogo J. Baptiste von Spix e o botânico Carl Friedrich P. von Martius realizariam uma grande viagem pelo

Brasil, que se iniciaria em 1817 e terminaria em 1820, após terem sido percorridos mais de 10 mil quilômetros. O resultado é uma obra de três volumes intitulada *Viagem ao Brasil* (1834) e vários subprodutos, como *O estado do direito entre os autóctones do Brasil* (1832). Sobretudo neste último texto, Martius desfila as máximas de De Pauw ao afirmar que: "permanecendo em grau inferior da humanidade, moralmente, ainda na infância, a civilização não altera o primitivo, nenhum exemplo o excita e nada o impulsiona para um nobre desenvolvimento progressivo".[15] Dessa forma, apesar do elogio à natureza tropical, contido nos relatos desses "viajantes filósofos", a humanidade daquele local parecia representar algo por demais diverso para que a percepção europeia encontrasse local certeiro, ou mesmo humanizado, em sua definição, mostrando-se mais disposta a apontar o exótico do que dar lugar à alteridade. A América não era apenas imperfeita, mas também decaída, e assim estava dado o arranque para que a tese da inferioridade do continente, e de seus homens, viesse a se afirmar a partir do século XIX.

O fato é que, seja nas versões mais positivas, seja nas evidentemente negativas, esse então Novo Mundo sempre foi "um outro", marcado por suas gentes com costumes tão estranhos.

Após a Abolição, a liberdade não significou igualdade. Barraco no morro da Babilônia, Rio de Janeiro, 1910. Foto de Augusto Malta.

Foi só no século XIX que os teóricos do darwinismo racial fizeram dos atributos externos e fenotípicos elementos essenciais, definidores de moralidades e do devir dos povos.[16] Vinculados e legitimados pela biologia, a grande ciência desse século, os modelos darwinistas sociais constituíram-se em instrumentos eficazes para julgar povos e culturas a partir de critérios deterministas e, mais uma vez, o Brasil surgia representado como um grande exemplo — desta feita, um "laboratório racial". Se o conceito de raça data do século XVI, as teorias deterministas raciais são ainda mais jovens: surgem em meados do XVIII. Além disso, antes de estar vinculado à biologia o termo compreendia a ideia de "grupos ou categorias de pessoas conectadas por uma origem comum", não indicando uma reflexão de ordem mais natural.[17]

São vários os autores que adotaram esse tipo de modelo e teoria, que procurava "naturalizar" diferenças e fazer de questões políticas e históricas dados "inquestionáveis" da própria biologia. E de fato o termo *raça* se imporia como conceito no país, vinculando-se de alguma maneira aos próprios destinos da nacionalidade. Parafraseando Roland Barthes — "Não sei se, como diz o provérbio, as coisas repetidas agradam, mas creio que, pelo menos, elas significam"[18] —, é possível perceber nesses casos uma intenção na reiteração. Como vimos, raça, no Brasil, jamais foi um termo neutro; ao contrário, associou-se com frequência a uma imagem particular do país, oscilando entre versões ora mais positivas, ora mais negativas. Muitas vezes, na vertente mais negativa de finais do século XIX, a mestiçagem existente no país parecia atestar a própria falência da nação. Nina Rodrigues, por exemplo, um famoso médico da escola baiana, adepto do darwinismo racial e dos modelos do poligenismo — que defendiam que as raças humanas correspondiam a realidades diversas, fixas e essenciais, e portanto não passíveis de cruzamento —, acreditava que a miscigenação extremada era ao mesmo tempo sinal e condição da degenerescência.[19] Diferentemente de seus colegas da Escola de Recife — em especial de Tobias Barreto e Sílvio Romero —, Nina Rodrigues opôs-se ao suposto do evolucionismo social de que a "perfectibilidade" era possível para todos os grupos humanos. Ou seja, não acreditava que todos os grupos humanos fossem capazes de evoluir igualmente e chegar ao progresso e à civilização. Além do mais, ao conferir às raças o estatuto de realidades estanques, defendeu que toda mistura de espécies seria sempre sinônimo de degeneração. Com esse tipo de posição extremada e pessimista, Rodrigues antagonizou com seus colegas do direito, justamente os responsáveis pela conformação do Código Penal de 1894. Para ele, só os médicos teriam o arbítrio sobre os corpos doentes, sendo que na sua interpretação o Direito, nomeadamente o jusnaturalismo, apostava em concepções "ultrapassadas" — como a igualdade e o livre-arbítrio —, que levariam ao obscurantismo social. Utilizou assim uma ideia bastante "moderna" da relatividade do crime e a associou à questão da imputabilidade: de certas raças se esperava responsabilidade; de outras, não se podia cobrar o que não possuíam. Mas o importante era anotar a noção de diferença, de diferença racial. Conforme ironizava o cientista: "se um país não é antigo para se fazer conhecer por sua tradição; rico para se destacar por sua economia; precisa ser diferente". Para Nina, éramos diferentes, e essa diferença deveria ser levada a sério.

O fato é que, se Nina Rodrigues escreveu livros em que pretendia recuperar a importância das populações negras locais, como *Africanos no Brasil*, parte da "maldição" que recaiu sobre ele advém de seus estudos sobre criminalidade, que se concentraram nos finais do século XIX e inícios do XX. "As raças humanas e a responsabilidade penal" (1894); "Negros criminosos" (1895), "O regicida Marcelino Bispo" (1899); "Mestiçagem, degenerescência e crime" (1899), entre outros ensaios, representam um novo momento na carreira desse médico que vê na criminalidade mestiça uma particularidade nacional.

O suposto era o da "desigualdade" e, portanto, da necessidade de criação de códigos penais distintos, que permitissem estabelecer responsabilidades atenuadas. Pautado por vários "estudos de caso", Nina procurou fazer de suas teses não uma questão pessoal, mas uma matéria de ciência, fartamente amparada na bibliografia da época. E o contexto não poderia ser mais revelador. Afinal, nesse momento a grande pergunta, que restava sem resposta, girava em torno do lugar que ocuparia a população negra recém-saída da escravidão e sujeita ao arbítrio da República, sistema que surgia propugnando a igualdade cidadã.

Não por coincidência, o hino da República, criado em inícios de 1890 — portanto, um ano e meio após a abolição da escravidão —, entoava orgulhoso: "Nós nem cremos que escravos outrora/ Tenha havido em tão nobre país!". Ora, o sistema escravocrata mal acabara e já se supunha que era passível de esquecimento! Por isso autores como Nina Rodrigues procuraram lidar com o tema, recuperando a noção de que, se por um lado a lei tinha garantido a liberdade, por outro a igualdade jurídica não passava de uma balela. Essa era a base para a adoção de um modelo de darwinismo e determinismo racial, em tudo oposto ao liberalismo: se o liberalismo é uma teoria do indivíduo, o racismo anula a individualidade para fazer dele apenas o resumo das vantagens ou defeitos de seu "grupo racial de origem".

O modelo adotado implicará, por sua vez, a explicitação da tese inicial — a diferença de imputabilidade entre as raças —, combinada com a demonstração dos "casos clínicos" que comprovavam a existência da degeneração, exposta nos exemplos de epilepsia, neurastenia (fadiga), histeria, alienação, quando não de criminalidade. O conjunto permitiria demonstrar a doença e a inviabilidade do próprio código penal, enganado pelo princípio voluntarista da Ilustração, por ele chamada de "a falácia da igualdade".

Em "As raças humanas e a responsabilidade penal", de 1894, tal argumento é desenvolvido à exaustão. Para ele, igualdade representava uma espécie de "dogma espiritualista", modelo metafísico cuja compreensão passava longe da experimentação científica. Utilizando, pois, os supostos da criminologia moderna, Nina definia a existência de ontologias raciais e a permanência de variações relevantes, tanto orgânicas como biológicas e cerebrais.

Seu segundo alvo de ataque é o Direito, mais precisamente as legislações penais em que "ainda reinam com princípios soberanos os velhos conceitos metafísicos da filosofia espiritualista". Para Nina, esta não passaria de uma "velha doutrina" da uniformidade das ideias e dos sentimentos, em tudo contrária ao conceito moderno de crime: o "crime relativo", que muda em função da idade, das raças e dos povos. A própria noção de cidadania passa a ser questionada, já que não cabe ao indivíduo — uma variante previsível dos atavismos de seu grupo — julgar seus atos. A "justiça" não seria um termo abstrato, mas referido e circunscrito a diferentes situações.

"Os povos não sentem da mesma maneira" é uma ideia bastante moderna, que dá lugar à noção da relatividade. No entanto, se a tese é alentadora e permite refletir sobre várias noções de criminalidade, as soluções de Rodrigues são mais complicadas. Em primeiro lugar, o cientista transforma a "vontade livre" em questão metafísica, e considera "absurda" a sua utilização, que só poderia ser aplicada a uma agremiação social homogênea. Em segundo lugar, ele anula a vontade do indivíduo, fazendo dela uma soma das características e limitações do grupo raciocultural. O alvo de ataque imediato é, mais uma vez, o direito penal brasileiro, que teria tomado o pressuposto espiritualista do livre-arbítrio como critério de responsabilidade penal. Segundo o médico, aí residiria uma cópia dos "povos civilizados à europeia", não voltada para as especificidades locais. Mas tal opinião, porém, é ambígua, uma vez que Nina só reconhece originalidade na degenerescência provinda da mestiçagem racial: "a liberdade é uma aparência, ilusão da liberdade".

Nina esmera-se, assim, em desautorizar o argumento dos juristas e do Estado, afirmando que o problema não seria o livre-arbítrio, mas a impunidade. O cientista se faz então de missionário, e trata de alardear os perigos possíveis: "ou punir sacrificando o princípio do livre-arbítrio ou respeitar esse princípio, detrimentando a segurança social". O tema envolvia a "segurança nacional", e cabia ao médico social alertar a nação. Mais uma vez, Nina apela para uma relatividade de cunho evolucionista e especifica que os crimes são involuntários em certas raças inferiores, que não se pode julgá-los com os códigos de "povos civilizados". A repreenda dirigia-se aos códigos universais: a aplicação da lei deveria ser condicionada aos diferentes estágios de civilização e dimensionada pelo estudo das raças existentes no Brasil. A ambiguidade da análise não reside, dessa maneira, na forma acertada de anotar a diferença entre culturas e povos, mas no ajuizado que parte dessa premissa e nos supostos evolucionistas que condicionam a análise. Culturas são raças, e suas realidades ontológicas não permitiriam arbítrio ou variação. Era como se ele decretasse que, ainda que a liberdade conseguida pela Lei Áurea de 13 de maio de 1888 fosse negra, a igualdade pertencia exclusivamente aos brancos.[20]

Como ele, também Euclides da Cunha, em sua famosa obra *Os sertões*, de 1902, oscilava entre considerar o mestiço um forte ou um desequilibrado, mas acabava julgando "a mestiçagem extremada um retrocesso" em razão da mistura de "raças mui diversas".[21] Mesmo assim, e como a época era dada a todo tipo de oscilações, se Euclides da Cunha, que escreveu a obra mais influente de toda a sua geração, de certa maneira seguiu os "determinismos" de então, ao começar seu livro falando da "terra" (e de suas limitações), e depois tratando do "homem" brasileiro (e de suas fraquezas), já na terceira parte da obra o pensador como que se redime, reconhecendo que o sertanejo é um "forte" e concedendo a todos o benefício da dúvida:

> Estamos condenados ao progresso [...] Fechemos este livro. Canudos não se rendeu. Exemplo único em toda a História, resistiu até ao esgotamento completo. Expugnado palmo a palmo, na precisão integral do termo, caiu no dia 5, ao entardecer, quando caíram seus últimos defensores, que todos morreram. Eram quatro apenas: um velho dois homens-feitos e uma criança, na frente dos quais rugiam raivosamente cinco mil soldados. Forremo-nos à tarefa de descrever os seus últimos momentos. Nem poderíamos fazê-lo. Esta página, imaginamo-la sempre profundamente emocionante e trágica; mas cerremo-la vacilante e sem brilhos.
>
> Vimos como quem vinga uma montanha altíssima. No alto, a par de uma perspectiva maior, a vertigem...

Apesar de João Batista Lacerda se achar distante da literatura de ficção, não são muito diferentes as conclusões desse cientista — diretor do famoso Museu Nacional do Rio de Janeiro —, que, ao participar do I Congresso Internacional das Raças, realizado em julho de 1911, apresentava a tese intitulada "Sur les métis au Brésil". Nesse ensaio a mensagem era clara: "É lógico supor que, na entrada do novo século, os mestiços terão desaparecido no Brasil, fato que coincidirá com a extinção paralela da raça negra entre nós".[22] O artigo, já por si contundente em sua defesa do branqueamento — ainda mais porque o Brasil fora o único país da América Latina convidado para o evento —, trazia na abertura a reprodução de um quadro de M. Brocos, artista da Escola de Belas-Artes do Rio de Janeiro, acompanhado da seguinte legenda: "Le nègre passant au blanc, à la troisième génération, par l'effet du croisement des races" [O negro passando para branco, na terceira geração, por efeito do cruzamento de raças]. Para piorar, a tese do cientista foi recebida com muito pessimismo, pois, à época, julgava-se que um século era tempo demais para que o Brasil se tornasse definitivamente branco.

Também o antropólogo Roquete Pinto, como presidente do I Congresso Brasileiro de Eugenia, que aconteceu em 1929, previa, anos depois e a despeito de sua crítica às posições racistas, um país cada vez mais branco: em 2012 teríamos uma população composta de 80% de brancos e 20% de mestiços; nenhum negro, nenhum índio. É por isso mesmo, e por esses exemplos e outros tantos, que não soa estranho em tal contexto que, nem mesmo diante do feio príncipe de nome indígena, a cor negra parece superior: fazendo uma paródia com nosso conto, é mais feia que o mais feio dos homens.

Já a versão romântica do grupo, que se reunia em torno do Instituto Histórico e Geográfico Brasileiro (IHGB), elegeu os bons nativos — quase rousseaunianos — como modelos nacionais e basicamente esqueceu-se da população negra.[23] O ensaio que quiçá deu início a essa interpretação mais positiva e alentadora foi escrito em 1844, resultado do primeiro concurso promovido pela instituição, que abria suas portas aos candidatos que se dispusessem a discutir sobre uma espinhosa questão, desta forma redigida: "Como se deve escrever a história do Brasil". Se fácil não fosse, mais fácil ficaria se mudássemos os termos da seguinte maneira: "como se deve inventar uma história *do* e *para* o Brasil". Tratava-se, portanto, de dar um pontapé inicial para aquilo que chamaríamos anos mais tarde, e com a maior naturalidade, de "História do Brasil", como se as histórias nascessem prontas, a partir de um ato exclusivo de vontade ou do assim chamado destino.

Nesse caso, o objetivo era criar *uma* história que fosse (por suposto) nacional e imperial. Falta lembrar o vencedor desse concurso e a tese defendida. O primeiro lugar ficou para o afamado cientista alemão, Carl von Martius, o qual advogou a ideia de que o país se definia por sua mistura — sem igual — de gentes e cores: "Devia ser um ponto capital para o historiador reflexivo mostrar como no desenvolvimento sucessivo do Brasil se acham estabelecidas as condições para o aperfeiçoamento das três raças humanas que nesse país são colocadas uma ao lado da outra, de uma maneira desconhecida da história antiga, e que devem servir-se mutuamente de meio e fim".[24] Utilizando-se da metáfora de um poderoso rio, correspondente à herança portuguesa, que deveria " absorver os pequenos confluentes das raças India e Ethiopica", o Brasil surgia representado a partir da particularidade de sua miscigenação. Não é acidental o fato de a monarquia brasileira, recém-instalada, investir em uma simbologia tropical, que misturava elementos das tradicionais monarquias europeias com indígenas, poucos, negros e muitas frutas coloridas. Parecia complicado destacar a participação negra nesse momento, já que ela lembrava a escravidão, mas nem por isso a realeza abriu mão de pintar um país que se caracterizaria por sua coloração racial distinta.

Assim, tal qual uma boa pista naturalista, o Brasil era desenhado por meio da imagem fluvial, três grandes rios compunham a mesma nação: um grande e caudaloso, formado pelas populações brancas; outro um pouco menor, nutrido pelos indígenas, e ainda outro, mais diminuto, composto pelos negros. Lá estariam todos, juntos em harmonia, e encontrando uma convivência pacífica cuja natureza só ao Brasil foi permitido conhecer. No entanto, harmonia não significa igualdade, e no jogo de linguagem usado pelo autor ficava evidente uma hierarquia entre os rios/raças. Era o rio branco que ia incluindo os demais, no seu contínuo movimento de inclusão. Mais ainda, na imagem forte do rio, muitas vezes usada nesse momento, estava presente a ideia de "depuração", e de como as águas iam ficando cada vez mais "límpidas", "puras" — ou seja, brancas. Estava assim dado, e de uma só vez, um modelo para pensar "e inventar" uma história local: feita pelo olhar estrangeiro — que vê de fora e localiza bem adentro — e pela boa ladainha das três raças, que continua encontrando ressonância entre nós.

Muito diferente foi ainda a interpretação dominante na Faculdade de Medicina do Rio de Janeiro, especificamente defendida por seu catedrático Renato Khel, favorável à eugenia e à esterilização da população mestiça nacional. Para ele, o modelo da África do Sul era exemplar, e "ensinava" a separar os doentes dos sãos e a constituir uma nação saudável e progredida.

Mas, se nos finais do XIX e inícios do XX, o ambiente nacional encontrava-se carregado de teorias pessimistas com relação à miscigenação — que por vezes previam a falência da nação, por vezes o (necessário) branqueamento —, foi nos anos 1930 que o mestiço transformou-se definitivamente em ícone nacional, em um símbolo de nossa identidade cruzada no sangue, sincrética na cultura, isto é, no samba, na capoeira, no candomblé, na comida e no futebol. Redenção verbal que não se concretiza no cotidiano: a valorização do nacional é acima de tudo uma retórica que não encontra contrapartida fácil na valorização das populações mestiças e negras, que continuam a ser, como veremos, discriminadas nas esferas da justiça, do direito, do trabalho e até do lazer. Nesses termos, entre o veneno e a solução, de descoberta a detração e depois exaltação, tal forma extremada e pretensamente harmoniosa de convivência entre os grupos foi, aos poucos, sendo gestada como um verdadeiro mito de Estado, em especial a partir dos anos 1930, quando a propalada ideia de uma "democracia racial", formulada de modo exemplar na obra de Gilberto Freyre, foi exaltada de maneira a menosprezar as diferenças diante de um cruzamento racial singular.[25] É certo que Freyre falava em "equilíbro de opostos" e não negava os conflitos e as violências que faziam parte de nossa formação nacional. Mas é certo, também, como se preparava um retorno da imagem mestiçada desse país; não mais como demérito, mas como sorte, e das grandes. Assim, comparado ao período anterior, quando miscigenação significava no máximo uma aposta no branqueamento futuro da nação, esse contexto destaca-se na valorização diversa dada à mistura, sobretudo cultural, que repercute em momentos futuros.

Nas tantas expressões que insistem em usar a noção — "esse é um sujeito de raça", "eta sujeito raçudo"... —, nas piadas que fazem rir da cor, nos ditos que caçoam, na quantidade de termos, revelam-se indícios de como a questão racial se vincula de forma imediata ao tema da identidade; de uma identidade que desde a época da colonização foi marcada pela "falta". Nem bem colonos, nem bem colonizados; nem portugueses, nem escravos. Desde os primeiros momentos de país independente, uma questão pareceu acompanhar os debates locais: "Afinal, o que faz do Brazil, Brasil?". A partir de então, muitos daqueles que se propuseram a definir uma "especificidade nacional" selecionaram a "conformação racial" encontrada no país, destacando a particularidade da miscigenação, para o bem ou para o mal. Como vimos, ora como elemento alentador, ora como sinal de infortúnio.

## RAÇA E SILÊNCIO

O conjunto dessas afirmações poderia indicar uma grande visibilidade e um trato frequente do tema no Brasil. No entanto, o que se observa é o oposto: "raça" é quase um enredo, um palco para debates de ordem diversa. Se no exterior *made in Brazil* é sinônimo da reprodução de nossos exóticos produtos culturais mestiços, dentro do país o tema é quase um tabu. A não ser de maneira jocosa ou mais descomprometida, até bem pouco tempo, quase não se tratava da questão: livros não despertam interesse, filmes ou exposições passam quase despercebidos. A situação aparece de forma estabilizada e naturalizada, como se as posições sociais desiguais fossem quase um desígnio da natureza, e atitudes racistas, minoritárias e excepcionais: na ausência de uma política discriminatória oficial, estamos envolvidos no país de uma "boa consciência", que nega o preconceito ou o reconhece como mais brando. Afirma-se de modo genérico e sem questionamento uma certa harmonia racial e joga-se para o plano pessoal os possíveis conflitos. Essa é sem dúvida uma maneira problemática de lidar com o tema: ora ele se torna inexistente, ora aparece na roupa de outro alguém.

É só dessa maneira que podemos explicar os resultados de uma pesquisa realizada em 1988, em São Paulo, na qual 97% dos entrevistados afirmaram não ter preconceito e 98% dos mesmos entrevistados disseram conhecer outras pessoas que tinham, sim, preconceito. Ao mesmo tempo, quando inquiridos sobre o grau de relação com aqueles que consideravam racistas, os entrevistados apontavam com frequência parentes próximos, namorados e amigos íntimos. Todo brasileiro parece se sentir, portanto, como uma ilha de democracia racial, cercado de racistas por todos os lados.[26]

Em 1995, o jornal *Folha de S.Paulo* divulgou uma pesquisa sobre o mesmo tema cujos resultados são semelhantes. Apesar de 89% dos brasileiros dizerem haver preconceito de cor contra negros no Brasil, só 10% admitem tê-lo. No entanto, de maneira indireta, 87% revelam algum preconceito ao concordar com frases e ditos de conteúdo racista, ou mesmo ao enunciá-los. Tal pesquisa foi repetida em 2011, e os resultados foram basicamente idênticos, mostrando como não se trata de supor que os brasileiros desconheçam a existência do preconceito: jogam-no, porém, para outras esferas, outros contextos ou pessoas afastadas. Trata-se, pois, de "um preconceito do outro".[27]

Os resultados parciais de um trabalho sobre os bailes negros em São Paulo podem ser entendidos de forma inversa mas simétrica. A maioria dos entrevistados negou ter sido vítima de discriminação, porém confirmou casos de racismo envolvendo familiares e conhecidos próximos.[28] Investigações sobre a existência de preconceito de cor em diferentes núcleos brasileiros têm apresentado conclusões convergentes. Em pequenas cidades costuma-se apontar a ocorrência de casos de racismo apenas nos grandes conglomerados (a atriz que foi barrada em uma boate; a filha do governador do Espírito Santo, que não pôde usar o elevador social), mas o contrário também acontece — na visão dos habitantes de São Paulo e do Rio de Janeiro, é nas pequenas vilas que se concentram os indivíduos mais radicais. Isso para não falar do uso do passado: quando entrevistados, os brasileiros jogam para a história, para o período escravocrata, os últimos momentos do racismo.[29] O mesmo ocorre com estudos da historiografia mais oficial. Em geral, reconhece-se a existência do preconceito, mas em outros contextos temporais: no passado.

Distintas na aparência, as conclusões das diferentes investigações são paralelas: ninguém nega que exista racismo no Brasil, mas sua prática é sempre atribuída a "outro". Seja da parte de quem age de maneira preconceituosa, seja daquela de quem sofre com o preconceito, o difícil é admitir a discriminação e não o ato de discriminar. Além disso, o problema parece ser o de afirmar oficialmente o preconceito, e não o de reconhecê-lo na intimidade. Tudo isso indica que estamos diante de um tipo particular de racismo, um racismo silencioso e que se esconde por trás de uma suposta garantia da universalidade e da igualdade das leis, e que lança para o terreno do privado o jogo da discriminação. Com efeito, em uma sociedade marcada historicamente pela desigualdade, pelo paternalismo das relações e pelo clientelismo, o racismo só se afirma na intimidade. É da ordem do privado, pois não se regula pela lei, não se afirma publicamente. No entanto, depende da esfera pública para a sua explicitação, numa complicada demonstração de etiqueta que mistura raça com educação e com posição social e econômica. "Preto rico no Brasil é branco, assim como branco pobre é preto", diz o dito popular. Não se "preconceitua" um vereador negro, a menos que não se saiba que é um vereador; só se discrimina um estrangeiro igualmente negro enquanto sua condição estiver pouco especificada.

O tema da raça é ainda mais complexo na medida em que inexistem no país regras fixas ou modelos de descendência biológica aceitos de forma consensual. Afinal, estabelecer uma "linha de cor" no Brasil é ato temerário, já que esta é capaz de variar de acordo com a condição social do indivíduo, o local e mesmo a situação. Aqui, não só o dinheiro e certas posições de prestígio embranquecem, mas, para muitos, a "raça", transvestida no conceito "cor", transforma-se em condição passageira e relativa.

Mas, se no país a questão é ambígua, deve-se dizer que a própria mudança de paradigmas da discussão é de modo geral recente: somente após a Segunda Guerra Mundial e a derrocada dos impérios europeus na África os modelos darwinistas e as concepções raciais deterministas passaram a receber críticas severas que, ao mesmo tempo que desmontavam os últimos discursos que falavam da "boa colonização" e do "fardo imperialista", revelavam, em contrapartida, o radicalismo diante das diferenças culturais, completa ou parcialmente destruídas, e a incompreensão a respeito delas.

Foi nesse contexto, e com o apoio institucional da Unesco, que patrocinou três reuniões sobre o tema — nos anos 1947, 1951 e 1964 —, que se tentou deslocar a importância biológica do termo *raça*, limitando-o a um conceito taxonômico e meramente estatístico. Compostos de cientistas sociais e geneticistas, os encontros chegavam a conclusões quase culpadas acerca do assunto ao admitir que o fenótipo era apenas um pretexto físico e empírico. Sob "a capa da raça" introduziam-se considerações de ordem cultural, na medida em que à noção se associavam crenças e valores. O conceito deixava, assim, de ser considerado natural, já que denotava uma classificação social baseada numa atitude negativa para com determinados grupos.[30]

Como diz o filósofo Kwame Appiah, "a verdade é que não existem raças; não há no mundo algo capaz de fazer aquilo que pedimos que a raça faça por nós [...] até a noção do biólogo tem apenas usos limitados [...] Insistir com a noção de raça é, portanto, ainda mais desolador para aqueles que levam a sério a cultura e a história".[31] Raça é, pois, uma construção histórica e social, matéria-prima para o discurso das nacionalidades. Raça, como diz Thomas Sowell, "antes de um conceito biológico, é uma realidade social, uma das formas de identificar pessoas em nossa própria mente".[32] É esse o sentido da fala de Toni Morrison, Prêmio Nobel de Literatura em 1993: "Eu gostaria de dissuadir aqueles que leem literatura dessa maneira [...] Raça é a última informação confiável que se pode obter sobre alguma pessoa. É informação real, mas fala de algo próximo do nada".[33]

Mas, ainda que seja verdade, tudo isso não torna o tema uma falsa questão. Ou seja, demonstrar as limitações do conceito biológico, desconstruir o seu significado histórico, não leva a abrir mão de suas implicações sociais. Com efeito, raça persiste como representação poderosa, como um marcador social de diferença — ao lado de categorias como gênero, classe, região e idade, que se relacionam e retroalimentam — a construir hierarquias e delimitar discriminações. Tais categorias, articuladas em sistemas classificatórios, reguladas por convenções e normas e materializadas em corpos e coletividades, não adquirem seu sentido e eficácia isoladamente, mas antes por meio da íntima conexão que estabelecem entre si. Como diz o antropólogo Peter Fry, "nada é constante; o sentido nunca é universal, mas sim atribuído por sistemas culturais em situações concretas".[34] Raça é, pois, uma categoria classificatória que deve ser compreendida como uma construção local, histórica e cultural, que tanto pertence à ordem das representações sociais — assim como o são fantasias, mitos e ideologias — como exerce influência real no mundo, por meio da produção e reprodução de identidades coletivas e de hierarquias sociais politicamente poderosas.

Além do mais, pode-se localizar a produção moderna das categorias como *raça* e *sexo* dentro de um projeto mais amplo de naturalização de diferenças promovido pelos saberes ocidentais desde o século XIX.[35] Em contrapartida, as crenças em atributos distintivos e fundamentais ligados às *raças* ou ao dimorfismo sexual persistem, como mitos sociais e como base para a construção de tipos de diferença entre as pessoas, apesar de toda a argumentação e de todo esforço de científico contemporâneo de comprovar as falácias desses conceitos.[36] Conceber raça, gênero, sexo, idade e classe como categorias articuladas[37] implica, assim, um esforço de desnaturalizá-las e contextualizá-las, recusando correlações rígidas e fixas entre características físicas, de um lado, e atributos morais e intelectuais, de outro.[38]

De um lado, o racismo persiste como fenômeno social, justificado ou não por fundamentos biológicos. De outro, no caso brasileiro, a mestiçagem e a aposta no branqueamento da população geraram um racismo *à la* brasileira, que percebe antes

O jogo da capoeira: um dos novos símbolos recriados pelo Estado Novo. Foto de Pierre Verger, 1963.

colorações do que raças, que admite a discriminação apenas na esfera privada e difunde a universalidade das leis, que impõe a desigualdade nas condições de vida, mas é assimilacionista no plano da cultura. É por isso mesmo que no país seguem-se muito mais as marcas de aparência física, que, por sua vez, integram status e condição social, do que regras físicas ou delimitações geracionais. É também por esse motivo que a cidadania é defendida com base na garantia de direitos formais, porém são ignoradas limitações dadas pela pobreza, pela violência cotidiana e pelas distinções sociais e econômicas.

Dessa forma, assim como não existem bons ou maus racismos — todo tipo de racismo é igualmente ruim —, é preciso pensar nas especificidades dessa história brasileira que fez da desigualdade uma etiqueta internalizada e da discriminação um espaço não formalizado.

## PELA HISTÓRIA: UM PAÍS DE FUTURO BRANCO OU BRANQUEADO

As teorias raciais só chegaram aqui a partir de meados do século XIX, no momento em que a abolição da escravidão tornava-se irreversível. Neste país de larga convivência com a escravidão, onde o cativeiro vigorou durante mais de três séculos, estima-se, apesar dos dados imprecisos, a entrada de um total de 3,6 milhões de africanos trazidos compulsoriamente: um terço da população africana que deixou seu continente de origem rumo às Américas.

Um contingente desse vulto acabou alterando as cores, os costumes e a própria sociedade local. A escravidão, em primeiro lugar, legitimou a inferioridade, que de social tornava-se natural, e, enquanto durou, inibiu qualquer discussão sobre cidadania. Além disso, o trabalho limitou-se exclusivamente aos escravos, e a violência se disseminou nessa sociedade das desigualdades e da posse de um homem por outro.[39]

Por outro lado, com a distância da Metrópole, e mesmo a partir de 1822, com a montagem de um Estado mais centralizado, engendrou-se progressivamente uma sociedade dicotômica, na qual o clientelismo se tornou uma moeda estável, quase acima do poder público enfraquecido. Um uso relaxado das leis e das instituições públicas impôs-se entre nós, na medida em que a letra da Constituição destinou-se desde sempre a poucos, e em especial aos mais desfavorecidos. Como diz Sérgio Buarque de Holanda, "em terra onde todos são barões não é possível acordo coletivo durável...".[40]

Se esse raciocínio vale para os homens livres em geral, é preciso dizer que uma quantidade ainda mais significativa da população esteve fora da sanção da lei: os escravizados,[41] que como "coisas" ao menos diante da lei permaneceram formalmente impedidos de usufruir das benesses do Estado. Os cativos tinham em seu senhor, até praticamente a década de 1880, o árbitro quase absoluto de seu destino.[42] Tal situação levava, por sua vez, a uma postura viciada em relação às possíveis ingerências do Estado nesses "bens privados" e desenhava uma sociedade pautada nas relações pessoais. A fragilidade institucional era pois simetricamente correspondente ao arbítrio pessoal e de poucos.

Foi só com a proximidade do fim da escravidão e da própria monarquia que a questão racial passou para a agenda do dia. Até então, como "propriedade", o escravo era por definição o "não cidadão". No Brasil, é com a entrada das teorias raciais, portanto, que as desigualdades sociais se transformam em matéria da natureza. Tendo por fundamento uma ciência positiva e determinista, pretendia-se explicar com objetividade — valendo-se da mensuração de cérebros e da aferição das características físicas — uma suposta diferença entre os grupos. A "raça" era introduzida, assim, com base nos dados da biologia da época e privilegiava a definição dos grupos segundo seu fenótipo, o que eliminava a possibilidade de pensar no indivíduo e no próprio exercício da cidadania e do arbítrio. Dessa maneira, em vista da promessa de uma igualdade jurídica, a resposta foi a "comprovação científica" da desigualdade biológica entre os homens, ao lado da manutenção peremptória do liberalismo, tal como exaltado pela nova República de 1889.

Como mostra Leo Spitzer, nesse contexto, o determinismo racial criaria novas formas de hierarquia e estratificação.[43] Depois de uma "era de libertações", da promessa do fim de todas as formas de cativeiro, o final do XIX trazia agora o "embaraço da exclusão" e o retorno, em bases renovadas (porque biológicas), de novos modelos de diferenciação social. Se a igualdade jurídica prometia o final das cisões, essas novas teorias traziam divisões ainda maiores e mais fortes, pois pautadas na natureza. Hannah Arendt chamou o liberalismo de uma "teoria do indivíduo", contraposta ao racismo científico, certamente um modelo em que o grupo era mais determinante. Para ela, o racismo representaria a negação do arbítrio e do predomínio das ideologias do indivíduo voluntaristas, herdeiras da Ilustração francesa, uma vez que o indivíduo não passava da soma das características de seu grupo racial.[44] Foi também nesse mesmo sentido que o antropólogo L. Dumont concluiu que o racismo não representava um desvio do modelo igualitarista, mas antes "uma perversão" deste, já que buscava comprovar como a Ilustração "impusera" uma ideologia igualitária em meio a sociedades profundamente hierarquizadas.[45]

No entanto, tais teorias não foram apenas introduzidas e traduzidas no país; aqui ocorreu uma releitura particular: ao mesmo tempo que se absorveu a ideia de que as raças significavam realidades essenciais, negou-se a noção de que a mestiçagem levava sempre à degeneração, conforme previa o modelo original. Fazendo-se um casamento entre modelos evolucionistas (que acreditavam que a humanidade passava por etapas diferentes de desenvolvimento) e darwinismo social (que negava qualquer futuro na miscigenação racial) — arranjo esse que, em outros contextos, acabaria em separação litigiosa —, no Brasil as teorias ajudaram a explicar a desigualdade como inferioridade, mas também apostaram em uma miscigenação positiva, contanto que o resultado fosse cada vez mais branco.[46]

Tingido pela entrada maciça de imigrantes — brancos e vindos de países como Itália e Alemanha —, introduziu-se no Brasil um modelo original, que, em vez de apostar que o cruzamento geraria a falência do país, descobriu nele as possibilidades do branqueamento. Dessa forma, paralelamente ao processo que culminaria com a libertação dos escravos, iniciou-se uma política agressiva de incentivo à imigração, ainda nos últimos anos do Império, marcada por uma intenção também evidente de "tornar o país mais claro".[47]

Portanto o processo de abolição brasileiro carregava consigo algumas singularidades. Em primeiro lugar, a crença enraizada de que o futuro levaria a uma nação branca. Em segundo, o alívio decorrente de uma libertação que se fez sem lutas nem conflitos e sobretudo evitou distinções legais baseadas na raça. Ao contrário da imagem dominante em outros países, onde o final da escravidão foi entendido como o resultado de um longo processo de lutas internas, no Brasil a Abolição foi tida formalmente como uma dádiva — no sentido de que teria sido um "presente" da monarquia, e não uma conquista popular.[48] Mas a mão de obra escrava e a presença africana no Brasil não podem ser entendidas apenas como respostas passivas diante de um ambiente adverso. Na verdade, eles inventaram suas condições de vida e de sobrevivência no regime escravista de duas maneiras principais: pela negociação e pelo conflito. Por meio da negociação, do blefe, da barganha e dos arranjos cotidianos, os escravizados forcejavam os limites da escravidão em negociações sem fim, às vezes bem, às vezes malsucedidas. As formas de negociação incluíam tanto demandas por terra e melhores condições de trabalho como a defesa de uma vida espiritual lúdica e autônoma — o direito de tocar, cantar e brincar sem necessidade do consentimento do feitor, ou homenagear seus deuses na prática do candomblé sem a intromissão da polícia. Por vezes era preciso um pouco de dissuasão: quando o Estado proibia o culto de orixás negros, recorria-se aos santos cristãos, numa relação de correspondência que vigora até hoje no país. Mas, quando a negociação falhava, seja por intransigência do senhor ou impaciência do escravizado, abriam-se os caminhos para o conflito: fugas individuais e coletivas, formação de quilombos e, é claro, levantes e revoltas escravas.

Existiram dois tipos de quilombos. Nos quilombos de rompimento ou de ruptura, como o de Palmares ou do Urubu, a tendência dominante era a política do esconderijo e do segredo de guerra. Já os quilombos abolicionistas organizavam-se perto dos centros urbanos, eram liderados por personalidades públicas e procuravam manter um trânsito fácil entre os fugitivos e a sociedade. O quilombo de Jabaquara, por exemplo, formou a maior colônia de fugitivos da história do país; o do Leblon, por sua vez, instituiu a camélia como símbolo antiescravista por excelência — e não foram poucas as personalidades do Rio de Janeiro que, como Rui Barbosa, ostentavam a flor na lapela ou a cultivavam no jardim de suas casas como forma de protesto.[49]

O movimento abolicionista foi ganhando força a partir dos anos 1870, e conheceu de grupos mais legalistas (nos quais se destaca o nome de Joaquim Nabuco) até facções mais radicais como os Caifazes, que queriam a libertação imediata e sem o apoio constitucional. O movimento também conheceu grandes líderes e poetas como Luís Gama — ex-escravo, advogado e autor de poemas que denunciavam as manipulações da cor no Brasil: "Eis que brada um peralta retumbante:/ — 'Teu avô, que era de cor latente,/ Teve um neto mulato mui pedante!'/ Irrita-se o fidalgo qual demente,/ Trescala a vil catinga nauseante,/ E não pôde negar ser meu parente!" —, até Castro Alves, o poeta da abolição. Seu poema "Navio negreiro" teria tempo de se transformar numa espécie de lema contra a vergonha da escravidão: "Mas é infâmia demais!... Da etérea plaga/ Levantai-vos, heróis do Novo Mundo!/ Andrada! arranca esse pendão dos ares!/ Colombo! fecha a porta dos teus mares!".

No entanto, a imagem oficial como que apagou esse tipo de manifestação, a despeito de a Primeira República ser marcada por uma agenda de manifestações sociais, incluindo demanda de grupos negros. O ambiente, porém, seria diferente: em lugar do estabelecimento de ideologias raciais oficiais e da criação de categorias de segregação, como o *apartheid* na África do Sul ou a Jim Crow[50] nos Estados Unidos, projetou-se aqui a imagem de uma democracia racial, corolário da representação de uma *escravidão benigna*.

No processo de construção do Estado nacional, o Brasil passaria a representar, a partir dos anos 1920 e 30, um caso interessante, já que praticamente nenhum conflito étnico ou regional se manifestara, ou pelo menos ganhara visibilidade, e nenhuma dominação racial oficial fora instituída depois da Abolição.[51] Ademais, após 1888, a inexistência de categorias explícitas de dominação racial incentivava ainda mais o investimento na imagem de um paraíso racial e a recriação de uma história em que a miscigenação aparecia associada a uma herança portuguesa particular e à sua suposta tolerância racial, revelada em um modelo escravocrata mais brando, ainda que mais promíscuo. Difícil imaginar uma mera licenciosidade em um país tão dependente do cativeiro negro e que ganhou a triste marca de ter sido o último a abolir a escravidão.[52] De toda maneira, ao contrário de outras nações, onde o passado escravocrata sempre lembrou violência e arbítrio, no Brasil a história foi reconstruída de forma positiva, mesmo encontrando pouco respaldo nos dados e documentos pregressos. Em 14 de dezembro de 1890, Rui Barbosa — então ministro das Finanças — ordenou que todos os registros sobre escravidão existentes em arquivos nacionais fossem queimados. A empreitada não teve sucesso absoluto — não foram eliminados todos os documentos —, mas o certo é que se procurava apagar um determinado passado e o presente significava um outro começo a partir do zero.

Procurou-se, num primeiro momento, e como vimos, defender que o Brasil seria, no futuro, naturalmente mais branco, fosse pela seleção natural, fosse pela entrada de imigrantes brancos. Além de João Batista Lacerda, também Oliveira Vianna, em *Populações meridionais* e *Raça e assimilação*, defenderia que no país a cor branca se imporia, fazendo dessa uma civilização dada ao "progresso". O suposto era que a civilização era branca, e que povos mestiços não apresentavam bons prognósticos nesse sentido.

A situação, porém, iria virar com todo o contexto do entreguerras. A experiência dos grandes embates de proporções internacionais revelou ao mundo o que significava viver num contexto de raivas e ódios expressos em termos raciais

Afonso Arinos, o quarto da esquerda para a direita, na instalação do I Congresso do Negro Brasileiro na Associação Brasileira de Imprensa. Rio de Janeiro, 26 de agosto de 1950.

e nacionais. A partir de então, em vez de mácula, a mestiçagem começa a se transformar em "promessa" e até "fortuna". O fato é que uma narrativa romântica falando de senhores severos mas paternais e escravos submissos e prestativos encontrou terreno fértil ao lado de um novo argumento, que afirmava ser a miscigenação alargada existente no território brasileiro um fator impeditivo às classificações muito rígidas e apenas bipolares: negros de um lado, brancos de outro.

Em um país onde o modelo branco escapava ao perfil anglo-saxônico, uma vez que já era em si miscigenado — afinal, os portugueses eram famosamente uma nação dada a contatos populacionais, que iam da Índia até o Brasil, passando pela África —, as cores tenderam a variar de forma comparativa. Quanto mais branco melhor, quanto mais claro mais superior, eis aí uma máxima difundida, que vê no branco não só uma cor mas também uma qualidade social: aquele que sabe ler, que é mais educado e que ocupa uma posição social mais elevada. Nesse contexto, em que o conflito passa para o terreno do não dito, fica cada vez mais difícil ver no tema um problema; ao contrário, ele se modifica, nos anos 1930, em matéria para exaltação.

## NOS ANOS 1930 A ESTETIZAÇÃO DA DEMOCRACIA RACIAL: SOMOS TODOS MULATOS

Uma feita o Sol cobrira os três manos de uma escaminha de suor e Macunaíma se lembrou de tomar banho. Porém no rio era impossível por causa das piranhas vorazes que de quando em quando na luta pra pegar um naco da irmã espedaçada pulavam aos cachos para fora d'água metro e mais. Então Macunaíma enxergou numa lapa bem no meio do rio uma cova cheia d'água. E a cova era que nem a marca dum pé de gigante. Abicaram. O herói depois de muitos gritos por causa do frio da água entrou na cova e se lavou inteirinho. Mas a água era encantada porque aquele buraco na lapa era marca do pezão de Sumé, do tempo que andava pregando o Evangelho de Jesus pra indiada brasileira. Quando o herói saiu do banho estava branco louro de olhos azuizinhos, água lavara o pretume dele [...] Nem bem Jiguê percebeu o milagre, se atirou na marca do pezão de Sumé. Porém a água já estava muito suja do pretume do herói e por mais que Jigué esfregasse feito maluco atirando água para todos os lados só conseguia ficar da cor do bronze novo [...] Maanape então é que foi se lavar, mas Jiguê esborrifara toda a água encantada para fora da cova. Tinha só um bocado lá no fundo e Maanape conseguiu molhar só a palma dos pés e das mãos. Por isso ficou negro bem filho dos Tapanhumas. Só que as palmas das mãos e dos pés dele são vermelhas por terem se limpado na água santa [...] E estava lindíssimo no Sol da lapa os três manos um louro, um vermelho, outro negro, de pé bem erguidos e nus [...][53]

Escrito por Mário de Andrade em 1928, *Macunaíma* nascia clássico ao falar das desventuras desse herói brasileiro sem nenhum caráter. Para além das outras interpretações que a obra mereceu e merece, a passagem acima pode ser entendida como uma releitura do mito das três raças formadoras da nação: o índio, o negro e o branco.[54] Dessa vez de forma metafórica, o herói de nossa gente, um "preto retinto", vira branco, um de seus irmãos vira índio e o outro negro (branco na palma das mãos e na sola dos pés). Macunaíma parecia representar "o resultado de um período fecundo de estudos e de dúvidas sobre a cultura brasileira",[55] assim como trazia uma série de intenções, referências figuradas e símbolos que no conjunto "definiam os elementos de uma psicologia própria de uma cultura nacional e de uma filosofia que oscilava entre o otimismo em excesso e o pessimismo em excesso".[56]

Mário de Andrade incorporava em seu livro toda uma cultura não letrada, em que se inseriam indígenas, caipiras, sertanejos, negros, mulatos, cafuzos e brancos, cujo resultado foi, menos que uma análise das raças, uma síntese local de culturas. Afinal, a fórmula "herói de nossa gente" veio substituir a expressão anterior — "herói de nossa raça" —, numa clara demonstração de como o romance dialogava com o pensamento social de sua época.

Mesmo descrevendo o famoso mestre mineiro Aleijadinho, Mário de Andrade não deixa de identificar aquele que com "o dengue mulato da pedra azul, fazia ela se estorcer com ardor molengo e lento". Na opinião de Mário de Andrade, o escultor foi se convertendo em mestiço-síntese dessa nova colonização: "Mas abrasileirando a coisa lusa, lhe dando graça, delicadeza e dengue na arquitetura, por outro lado, mestiço, ele vagava no mundo. Ele reinventava o mundo. O Aleijadinho lembra tudo! Invoca os primitivos itálicos, bosqueja a Renascença, se afunda no gótico, quasi francês por vezes, muito germânico quasi sempre, espanhol no realismo místico. Uma enorme irregularidade vagabunda, que seria diletante mesmo, se não fosse a força da convicção impressa nas suas obras imortais. É um mestiço, mais que nacional. Só é brasileiro porque, meu Deus! Aconteceu no Brasil".[57]

Estava em curso um movimento que negava não só o argumento racial como o pessimismo advindo das teorias darwinistas sociais, que, como vimos, detratavam a miscigenação aqui existente. Autores como Nina Rodrigues, Sílvio Romero, João Batista Lacerda, Oliveira Vianna e mesmo o contemporâneo Paulo Prado — cujo livro *Retratos do Brasil: Ensaio sobre a tristeza brasileira* data, também, de 1928 — interpretaram, com ênfases e modelos diferentes, os impasses e problemas advindos do cruzamento experimentado no Brasil. Mas o contexto era outro. O momento parecia propício para se arriscar explicações de ordem cultural sobre esse país que ainda se via como um ponto de interrogação: "Terra tropical e mestiça condenada ao fracasso, ou promessa de um eldorado sul-americano?".[58]

No entanto, se a conformação local não era mais motivo de vergonha e infortúnio, significava ainda um argumento fundamental. Era a cultura mestiça que, nos anos 1930, despontava como representação oficial da nação. Afinal, como qualquer movimento nacionalista, também no Brasil a criação de símbolos nacionais nasce ambivalente: um domínio em que interesses privados assumem sentidos públicos. O próprio discurso da identidade é fruto dessa ambiguidade que envolve concepções privadas e cenas públicas, na qual noções como povo e passado constituem elementos essenciais para a elaboração de uma nacionalidade imaginada.[59] Nesse sentido, a narrativa oficial se serve de elementos disponíveis, como a história, a tradição, rituais formalistas e aparatosos, e por fim seleciona e idealiza um "povo" que se constitui a partir da supressão das pluralidades.[60]

É claro que todo esse processo não se dá de maneira aleatória ou meramente manipulativa. No Brasil dos anos 1930, dois grandes núcleos aglutinam conteúdos particulares de nacionalidade: o nacional-popular e sobretudo a mestiçagem, não tanto biológica como cada vez mais cultural. É nesse contexto também que uma série de intelectuais ligados ao poder público passa a pensar em políticas culturais que viriam ao encontro de "uma autêntica identidade brasileira". Com esse objetivo é que são criadas ou reformadas diversas instituições culturais que visavam "resgatar" (o que muitas vezes significou "inventar", ou melhor, "selecionar e recriar") costumes e festas, assim como um certo tipo de história. Apesar de o último monarca gabar-se de usar uma murça real feita de papos de tucano — como uma homenagem "aos caciques indígenas da terra" —, ou de Floriano Peixoto, em estátua de gosto duvidoso, consagrar a união das raças como a união da nação, é só com o Estado Novo que projetos oficiais são implementados no sentido de reconhecer na mestiçagem a verdadeira nacionalidade.[61]

Além disso, não se pode esquecer o papel de São Paulo, que, em vista da pujança econômica obtida no cenário nacional, passava a buscar elementos que destacassem sua própria cultura, "sua modernidade". Bandeirantes deixam de ser vistos como meros aventureiros — caçadores de escravos e aprisionadores de indígenas — para serem convertidos em "heróis de uma raça", símbolos do caráter empreendedor da gente paulista. A operação é ideológica e visa recolher na história pregressa certos elementos identitários, mas os destituindo de seu sentido inicial e conferindo a eles uma dimensão grandiosa. Também é nesse momento que as Minas Gerais barrocas serão reinventadas como o "berço de nossa cultura", numa tentativa de apagar o passado imperial (como se ele fosse um período de pouco impacto em nossa formação) e exaltar o caráter mestiço do lugar, fruto do encontro de várias sociedades. Mas paulistas e mineiros não estavam sós. Ao contrário, a publicação de *Casa-grande & senzala*, cuja primeira edição data de 1933, é igualmente emblemática e sinaliza para esse movimento de conformação de ícones da identidade. Retomando a temática e a experiência da convivência entre as "três raças", Gilberto Freyre trazia para seu livro a vida privada das elites nordestinas e fazia dela um exemplo de identidade. A obra oferecia um novo modelo para a sociedade multirracial brasileira, invertendo o antigo pessimismo e introduzindo os estudos culturalistas como alternativas de análise: "Foi o estudo de antropologia sob a orientação do professor Boas que primeiro me revelou o negro e o mulato no seu justo valor — separados dos traços da raça os efeitos do ambiente ou da experiência cultural".[62]

O "cadinho das raças" aparece como uma versão otimista do mito das três raças, mais evidente aqui do que em qualquer outro lugar. "Todo brasileiro, mesmo o alvo, de cabelo louro, traz na alma, quando não na alma e no corpo, a sombra, ou pelo menos a pinta, do indígena e/ou do negro",[63] afirmava Freyre, tornando a mestiçagem uma questão de ordem geral. Era assim que o cruzamento de raças passava a singularizar a nação nesse processo que leva a miscigenação a parecer sinônimo de tolerância e hábitos sexuais da intimidade a se transformarem em modelos de sociabilidade. Não que inexistissem relatos violentos na obra de Freyre, mas o fato é que o antropólogo idealizava uma nova civilização, cujo modelo era o da Casa-Grande nordestina. Uma sociedade da cana, em que inclusão social casava-se com exclusão; opostos se equilibravam e a escravidão aparecia de alguma maneira explicada pelo inóspito da colonização. O próprio autor reconhecia que compunha, com o conjunto de sua obra, uma história da sexualidade brasileira, cujo resultado era uma mistura bem-feita e original; uma cultura homogênea apesar de resultante de raças tão diversas. É isso que o poema de Manuel Bandeira saúda:

Casa-Grande & Senzala

*Grande livro que fala*
*Desta nossa leseira*
*Brasileira*

*Mas com aquele forte cheiro*
　　　*[e sabor do Norte]*

*Com fuxicos danados*
*E chamegos safados*
*De mulecas fulôs com sinhôs.*

*A mania ariana*
*Do Oliveira Viana,*
*Leva aqui sua lambada*
*Bem puxada.*

*Se nos brasis abunda,*
*Jenipapo na bunda,*
*Se somos todos uns Octoruns*

*Que importa? É lá desgraça?*
*Essa história de raça,*
*Raças más, raças boas*
*— Diz o Boas —*

*É coisa que passou*
*Com o franciú Gobineau.*
*Pois o mal do mestiço*
*Não está nisso*

*Está em causas sociais,*
*De higiene e outras coisas*
             *[que tais]*
*Assim pensa, assim fala*
*Casa-Grande & Senzala*

*Livro que à ciência alia*
*A profunda poesia*
*Que o passado evoca*
*E nos toca*

*A alma do brasileiro,*
*Que o portuga femeeiro*
*Fez e o mau fado quis*
*Infeliz!*[64]

Freyre mantinha intocados em sua obra, porém, os conceitos de superioridade e de inferioridade, assim como não deixava de descrever e por vezes glamorizar a violência e o sadismo presentes durante o período escravista.[65] Senhores severos mas paternais, ao lado de escravos fiéis, pareciam simbolizar uma espécie de "boa escravidão", que mais servia para se contrapor à realidade norte-americana. Nesse momento, os Estados Unidos pareciam exemplificar a existência de uma escravidão mercantil, com criadouros de cativos e leis segregadoras. Já o Brasil construía sua própria imagem manipulando a noção de um "mal necessário": a escravidão teria sido por aqui mais positiva do que negativa. Difícil imaginar que um sistema que supõe a posse de um homem por outro possa ser benéfico. Mais difícil ainda obliterar a verdadeira cartografia de castigos e violências que se impôs no país, onde o cativeiro vigorou por quatro séculos e tomou todo o território nacional. Como dizia o padre jesuíta Antonil, "os escravos eram as mãos e os pés do Brasil", mas os senhores eram os donos da vida e da morte de seus serviçais: homens escravizados poderiam ser leiloados, penhorados, vendidos, emprestados, mortos ou açoitados.

Freyre usaria bem dessa representação alargada e construída na longa duração. A novidade estava em destacar a intimidade do lar — em contrapartida às omissões sobre a vida dura do eito — e fazer dela matéria de ciência. Ou seja, Freyre fez teoria sobretudo a partir da realidade dos escravos domésticos, os quais, de fato, possuíam maior proximidade com seus senhores. Diferente era a situação dos escravizados no campo, cuja média de vida era de vinte anos no trabalho, e que, com seus trinta e poucos anos, já eram descritos, nos anúncios de fuga que tomavam os jornais nacionais, como envelhecidos, de cabelos brancos e sem dentes. O fato é que, no modelo desse autor do Recife, uma certa convivência cultural parecia se sobrepor à realidade da desigualdade social. Mas Freyre não era voz isolada: vimos como nosso primeiro concurso no IHGB já exaltava a mistura de raças como nossa característica nacional. Por outro lado, e só para ficarmos nos exemplos mais conhecidos, Joaquim Nabuco, grande líder abolicionista e a quem Freyre se refere com insistência, também legou descrições no mínimo ambivalentes sobre nosso passado escravocrata.

Em 1900, Joaquim Nabuco escreveria seu texto de maior repercussão tardia: "Massangana". Crônica de caráter memorialístico, é evidentemente um relato emotivo, nostálgico, escrito no autoexílio. Aí está o relato daquele que olha para o Brasil e não o reconhece, e por isso recorre à memória, que, como diz Walter Benjamim, é mais efeito de esquecer do que de lembrar. Vamos ao trecho:

> O traço todo da vida é para muitos um desenho da criança esquecido pelo homem, mas ao qual ele terá sempre que se cingir sem o saber... Pela minha parte acredito não ter nunca transposto o limite das minhas quatro ou cinco primeiras impressões... Passei esse período inicial, tão remoto, porém mais presente do que qualquer outro, em um engenho de Pernambuco, minha província natal. A terra era uma das mais vastas e pitorescas da zona do Cabo... Nunca se me retira da vista esse pano de fundo que representa os últimos longes de minha vida. A população do pequeno domínio, inteiramente fechado a qualquer ingerência de fora, como todos os outros feudos da escravidão, compunha-se de escravos, distribuídos pelos compartimentos da senzala, o grande pombal negro ao lado da casa de morada, e de rendeiros, ligados ao proprietário pelo benefício da casa de barro que os agasalhava ou da pequena cultura que ele lhes consentia em suas terras. No centro do pequeno cantão de escravos levantava-se a residência do senhor, olhando para

os edifícios da moagem, e tendo por trás, em uma ondulação do terreno, a capela sob a invocação de são Mateus.

A partir de então, aquele que é considerado o pai do abolicionismo brasileiro passa a narrar, ou melhor, a rememorar, a campanha da abolição, da qual seria considerado líder maior. A memória é xamã do tempo e traz seus mistérios: sobretudo dá continuidade ao que é descontínuo e disruptivo. E vamos ao relato central, a uma espécie de mito de fundação:

> Eu estava uma tarde sentado no patamar da escada exterior da casa, quando vejo precipitar-se para mim um jovem negro desconhecido, de cerca de dezoito anos, o qual se abraça aos meus pés suplicando-me pelo amor de Deus que o fizesse comprar por minha madrinha para me servir. Ele vinha das vizinhanças, procurando mudar de senhor, porque o dele, dizia-me, o castigava, e ele tinha fugido com risco de vida... Foi este o traço inesperado que me descobriu a natureza da instituição com a qual eu vivera até então familiarmente, sem suspeitar a dor que ela ocultava. Nada mostra melhor do que a própria escravidão o poder das primeiras vibrações do sentimento... Ele é tal, que a vontade e a reflexão não poderiam mais tarde subtrair-se à sua ação e não encontram verdadeiro prazer senão em se conformar... Assim eu combati a escravidão com todas as minhas forças, repeli-a com toda a minha consciência, como a deformação utilitária da criatura, e na hora em que a vi acabar, pensei poder pedir também minha alforria, dizer o meu *nunc demitis*, por ter ouvido a mais bela nova que em meus dias Deus pudesse mandar ao mundo; e, no entanto, hoje que ela está extinta, experimento uma singular *nostalgia*: a saudade do escravo.

Nostalgia é sentimento de geração. Diante de tantas utopias, a República parecia não agradar a republicanos, abolicionistas ou antigos monarquistas, como Nabuco. E aí vai a "dialética do escravo", pensada em termos tropicais.

É que tanto a parte do senhor era inscientemente egoísta, tanto a do escravo era inscientemente generosa. A escravidão permanecerá por muito tempo como a característica nacional do Brasil. Ela espalhou por nossas vastas solidões uma grande suavidade; seu contato foi a primeira forma que recebeu a natureza virgem do país, e foi a que ele guardou; ela povoou-o como se fosse uma religião natural e viva, com os seus mitos, suas legendas, seus encantamentos; insuflou-lhe sua alma infantil, suas tristezas sem pesar, suas lágrimas sem amargor, seu silêncio sem concentração, suas alegrias sem causa, sua felicidade sem dia seguinte... É ela o suspiro indefinível que exalam ao luar as nossas noites do Norte. Quanto a mim, absorvi-a no leite preto que me amamentou; ela envolveu-me como uma carícia muda toda a minha infância; aspirei-a da dedicação de velhos servidores que me reputavam o herdeiro presuntivo do pequeno domínio de que faziam parte... Entre mim e eles deve ter se dado uma troca contínua de simpatia, de que resultou a terna e reconhecida admiração que vim mais tarde a sentir pelo seu papel. Este pareceu-me, por contraste com o instinto mercenário da nossa época, sobrenatural à força de naturalidade humana, e no dia em que a escravidão foi abolida, senti distintamente que um dos mais absolutos desinteresses de que o coração humano se tenha mostrado capaz não encontraria mais as condições que o tornaram possível.

A lembrança da escravidão ficava assim guardada num canto escuro da memória. Afinal, segundo esse Nabuco, de inícios do século XX, o problema da escravidão era a "mudança de senhor" — e isso era o "mais terrível". Nordeste da boa escravidão, dos bons senhores, da infância protegida, do carinho da madrinha, "do paraíso perdido", "poço da infância". O Engenho de Massangana se transformou na sede de um "oráculo íntimo".

O relato de Nabuco, na verdade, retoma e atualiza uma linha de pensamento, uma família interpretativa que aposta no lado integrativo do modelo brasileiro, digamos assim, de convivência racial. Coloca ainda um tijolo de teoria nessa espécie de racismo à brasileira: um racismo que é sempre jogado para o "outro". O outro da história, o outro que não sou "eu": o proprietário de escravos; a escravidão do Sul, os latifúndios do café no lugar dos de cana, onde imperava a harmonia. E terminava Nabuco:

> Não só esses escravos não se tinham queixado de sua senhora, como a tinham até o fim abençoado... A gratidão estava ao lado de quem dava. Eles morreram acreditando-se os devedores... seu carinho não teria deixado germinar a mais leve suspeita de que o senhor pudesse ter uma obrigação para com eles, que lhe pertenciam... Deus conservara ali o coração do escravo, como o do animal fiel, longe do contato com tudo que o pudesse revoltar contra a sua dedicação. Esse perdão espontâneo da dívida do senhor pelos escravos figurou-se-me a anistia para os países que cresceram pela escravidão, o meio de escaparem a um dos piores taliões da história... Oh! *Os santos pretos!* Seriam eles os intercessores pela nossa infeliz terra, que regaram com seu sangue, mas abençoaram com seu amor! Eram essas as ideias que me vinham entre aqueles túmulos, para mim, todos eles, sagrados, e então ali mesmo, aos vinte anos, formei a resolução de votar a minha vida, se assim me fosse dado, ao serviço da raça generosa entre todas que a desigualdade da sua condição enternecia em vez de azedar e que por sua doçura no sofrimento emprestava até mesmo à opressão de que era vítima um reflexo de bondade.

Essa boa escravidão (por oposição à norte-americana), com bons proprietários e escravos dadivosos, não era apenas um exemplo isolado, mas um modelo que seria seguido à risca por Gilberto Freyre nos anos 1930, e faria escola. Eis um lado (igualmente verdadeiro) da equação brasileira: inclusão social definida pela afeição e pela cultura, entendida como traços compartilhados, na música, na religião, nos costumes divididos. Mas todo lado tem seu oposto lógico: nesse caso, inclusão combina com exclusão social e apresenta um outro lado do ambivalente modelo brasileiro. Uma experiência comum híbrida, uma sociedade escravista mas também miscigenada, dada à miscigenação. Todos unidos e igualmente separados.

Com nove anos de distância, Lima Barreto, outro personagem importante da Nova República, também usaria a memória para falar e repensar o presente. O adulto relembra uma passagem na escola.

> Era bom saber se a alegria que trouxe à cidade a lei da abolição foi geral pelo país. Havia de ser, porque já tinha entrado na convivência de todos a sua injustiça originária. Quando eu fui para o colégio, um colégio público, à rua do Rezende, a alegria entre a criançada era grande. Nós não sabíamos o alcance da lei, mas a alegria ambiente nos tinha tomado. A professora, d. Tereza Pimentel do Amaral, uma senhora muito inteligente, creio que nos explicou a significação da coisa; mas com aquele feitio mental de crianças, só uma coisa me ficou: livre! livre! Julgava que podíamos fazer tudo que quiséssemos; que dali em diante não havia mais limitação aos progressistas da nossa fantasia. Mas como estamos ainda longe disso! Como ainda nos enleiamos nas teias dos preceitos, das regras e das leis! [...] São boas essas recordações; elas têm um perfume de saudade e fazem com que sintamos a eternidade do tempo. O tempo inflexível, o tempo que, como o moço é irmão da Morte, vai matando aspirações, tirando perempções, trazendo desalento, e só nos deixa na alma essa saudade do passado, às vezes composto de fúteis acontecimentos, mas que é bom sempre relembrar. Quanta ambição ele não mata. Primeiro são os sonhos de posição, os meus saudosos; ele corre e, aos poucos, a gente vai descendo de Ministro a amanuense; depois são os de Amor — oh! como se desce nestes!... Viagens, obras, satisfações, glórias, tudo se esvai, e esbate com

ele. A gente julga que vai sair Shakespeare e sai Mal das Vinhas; mas tenazmente ficamos a viver, esperando, esperando... O quê? O imprevisto, o que pode acontecer amanhã ou depois; quem sabe se a sorte grande, ou um tesouro descoberto no quintal?[66]

O relato não parece ter sido escrito para ser lembrado ou legado para a posteridade (ao contrário de "Massangana"). Aliás, foi deixado no verso de um documento do Ministério da Guerra, local em que Lima atuava como amanuense. O escritor nunca escondeu suas antipatias para com a profissão, e usava do tempo livre para se dedicar à literatura: crônicas, contos, novelas. É fácil notar como o tom é completamente diferente do documento legado por Nabuco. Ambos carregam certa nostalgia, mas se um fala com saudades de um tempo que não existe mais — apagado pela pátina do tempo —, o segundo é marcado por certo ressentimento. Diferente de um certo "preconceito retroativo" presente no texto de Nabuco, nesse caso o modelo é o da exclusão social. O tempo que não foi, que na verdade nunca existiu. A abolição que não foi, a república cujo sonho foi curto. Igualmente comovente é o relato *à clef* de Isaías Caminha, que era na verdade uma espécie de projeção do próprio Lima Barreto. Aí está um jovem mulato que descobre o preconceito ao chegar à cidade grande do Rio de Janeiro.

> O trem parara e eu abstinha-me de saltar. Uma vez, porém, o fiz; não sei mesmo em que estação. Tive fome e dirigi-me ao pequeno balcão onde havia café e bolos. Encontravam-se lá muitos passageiros. Servi-me e dei uma pequena nota a pagar. Como se demorassem em trazer-me o troco reclamei: "Oh! Fez o caixeiro indignado e em tom desabrido. Que pressa tem você?! Aqui não se rouba, fique sabendo!". Ao mesmo tempo, a meu lado, um rapazola alourado, reclamava o dele, que lhe foi prazenteiramente entregue. O contraste feriu-me, e com os olhares que os presentes me lançaram, mais cresceu a minha indignação. Curti, du-

rante segundos, uma raiva muda, e por pouco ela não rebentou em pranto. Trôpego e tonto, embarquei e tentei decifrar a razão da diferença dos dois tratamentos. Não atinei, em vão passei em revista a minha roupa e a minha pessoa... Os meus dezenove anos eram sadios e poupados, e o meu corpo regularmente talhado [...] Por que seria então, Meu Deus?

O fato é que a dúvida se converteria em certeza, e o jovem Isaías teria tempo de experimentar o racismo e a discriminação. Temos aqui, pois, o contrário do contrário que resulta em semelhante. Nabuco, ao valorizar a escravidão brasileira, desfralda todo o racismo da elite nacional. Lima, ao temer pela sorte dos seus, desfaz da importância e dos ganhos institucionais que o contexto trazia. Não há, pois, preto no branco, ou mero efeito de contraste. O panorama é mais fugidio, não se deixa aprisionar.

Mas os anos 1930 seriam definitivamente distintos do pessimismo radical de Lima Barreto ou da nostalgia de Nabuco. Além da obra de Freyre, datam dessa época os estudos de Donald Pierson sobre as relações raciais em Salvador. Claramente marcado pelo modelo de Freyre, Pierson introduzia em seu livro *Brancos e pretos na Bahia*, datado de 1945, a "cor" como elemento empírico e analítico em substituição à "raça", argumentando que no Brasil a ausência de regras revelava, por sua vez, uma mobilidade maior.[67]

Para além do debate intelectual, tudo leva a crer que, a partir dos anos 1930, no discurso oficial "o mestiço vira nacional", ao lado de um processo de desafricanização de vários elementos culturais, simbolicamente clareados. Esse é o caso da feijoada, naquele contexto destacada como um "prato típico da culinária brasileira". A princípio conhecida como "comida de escravos", a feijoada se converte em "prato nacional", carregando consigo a representação simbólica da mestiçagem. O feijão (preto ou marrom) e o arroz (branco) remetem metaforicamente aos dois grandes segmentos formadores da população. A eles se juntam os acompanhamentos — a couve (o verde das nossas matas), a laranja (a cor de nossas riquezas). Temos aí um exemplo de como elementos étnicos ou costumes particulares viram matéria de nacionalidade. Era, portanto, numa determinada cultura popular e mestiça que se selecionavam os ícones desse país: da cozinha à oficialidade, a feijoada saía dos porões e transformava-se num prato tradicional.[68]

Mas esse não é, por certo, um exemplo isolado. A capoeira — reprimida pela polícia do final do século passado e incluída como crime no Código Penal de 1890 — é oficializada como modalidade esportiva nacional em 1937.[69] Também o samba passou da repressão à exaltação, de "dança de preto" à "canção brasileira para exportação". Definido na época como uma dança que fundia elementos diversos, nos anos 1930 o samba sai da marginalidade e ganha as ruas, enquanto as escolas de samba e os desfiles passam a ser oficialmente subvencionados a partir de 1935.

Não é também por uma feliz coincidência que o novo regime introduz, nesse período, novas datas cívicas: o Dia do Trabalho, o aniversário de Getúlio Vargas, e o Dia da Raça — 30 de maio de 1939 —, criado para exaltar a tolerância de nossa sociedade. Da mesma maneira, a partir de 1938, os atabaques do candomblé passam a ser tocados sem interferência policial.[70] Até o futebol, esporte de origem inglesa, foi progressivamente associado a negros, sobretudo a partir de 1923, quando o Vasco da Gama passou a ser o primeiro clube brasileiro a aceitar negros em sua equipe, processo esse que tenderá a se afirmar com a profissionalização dos jogadores. O momento coincide, ainda, com a escolha de Nossa Senhora da Conceição Aparecida para padroeira do Brasil. Meio branca, meio negra, a nova santa era mestiça como os brasileiros. Tal qual um Macunaíma às avessas, nesse caso, a imersão nas águas do rio Paraíba do Sul teria escurecido a Virgem, e sua "súbita aparição" feito dela uma legítima representante da nacionalidade.[71]

Em seu conjunto prevalece, assim, a ideia de uma troca livre de traços culturais entre os vários grupos, coerente com as interpretações de Freyre, que, em tal contexto, eram recebidas como modelos harmônicos de convivência racial.[72]

Vinculada a todo esse ambiente, e em especial às rodas de samba, é que surge a famosa figura do malandro brasileiro. Personagem caracterizada por uma simpatia contagiante, o malandro representava a recusa de trabalhos regulares e a prática de expedientes temporários para a garantia da boa sobrevivência. A malandragem, evidentemente mestiça, ganha uma versão internacional quando, em 1943, Walt Disney apresenta pela primeira vez Zé Carioca. No filme *Alô, amigos*, o alegre papagaio introduzia Pato Donald nas terras brasileiras, tudo com muito ritmo, cachaça e direito a Carmen Miranda — mais um símbolo para exportação —, que misturava samba, maracas e frutas tropicais. Na música "Aquarela do Brasil", alguns dos novos símbolos:

> *Brasil,*
> *Meu Brasil brasileiro,*
> *Meu mulato inzoneiro,*
> *Vou cantar-te nos meus versos.*

O sucesso foi tal que Zé Carioca retorna com o desenho *Você já foi à Bahia?*, mostrando aos americanos quão exótico e harmonioso era o país, de norte a sul. Era o olhar vindo de fora que reconhecia no malandro uma síntese local: a mestiçagem, a ojeriza ao trabalho regular, a valorização da intimidade nas relações sociais. Como cantava Wilson Batista, um dos grandes sambistas da malandragem:

> *Meu pai trabalhou tanto*
> *Que eu já nasci cansado.*
> *Ai, patrão,*
> *Sou um homem liquidado.*[73]

Nas canções da época, como "Mulato de qualidade" — composta por André Filho em 1932 —, ou no sucesso "O que será de mim", de Francisco Alves, Ismael Silva e Nilton Bastos, datada de 1931, impunha-se uma nova figura nacional:

*Minha malandragem é fina,*
*Não desfazendo de ninguém.*
*Deus é que dá a sina.*
*E o valor dá-se a quem tem.*

Deus, portanto, parece ser brasileiro, e o país passa a ser representado por essa figura. Bem-humorado, bom de bola e de samba, o malandro era mestre em um tipo de postura resumida, nos anos 1950, na famosa expressão "jeitinho brasileiro": aquele que longe dos expedientes oficiais usava da intimidade para seu sucesso.

A dimensão da influência dessa personagem pode ser avaliada com base na ação do Estado, que, em oposição à divulgação de tal imagem, por meio do Departamento Nacional de Propaganda (DNP), a partir de 1938 procurou alterar a representação do trabalho e do trabalhador. Já em 1939, uma portaria oficial proibia a exaltação da malandragem e, no início dos anos 1940, achando que muitos sambas ainda faziam apologia da malandragem, o Departamento de Imprensa e Propaganda (DIP) "aconselhou" os compositores a adotarem "temas de exaltação ao trabalho e de condenação à boemia". A atitude levou ao surgimento de uma série de sambas descrevendo personagens bem-comportados e, inclusive, alguns ex-malandros convertidos em pacatos operários. É isso que diz o samba "O bonde São Januário", de Wilson Batista e Ataulfo Alves:

*Quem trabalha é que tem razão,*
*Eu digo e não tenho medo de errar.*
*O bonde São Januário*

*Leva mais um operário,*
*Sou eu que vou trabalhar.*

A canção continua: "Antigamente não tinha juízo", e termina afirmando: "A boemia não dá camisa a ninguém". No entanto, não faltaram as paródias (talvez de autoria do próprio Wilson, flamenguista inveterado): "O bonde São Januário/Leva um português otário/Para ver o Vasco apanhar [...]".[74]

Diante desse ambiente, não é de estranhar que determinadas canções priorizem repensar no samba o tema da democracia. Nos termos de Sinhô, por exemplo, fazer samba poderia tornar o país mais democrático, teria efeito positivo na estrutura de mobilidade social do país. Sinhô sempre foi reconhecido como um fazedor de sucessos, um compositor preocupado em estruturar um samba urbano sem características étnicas determinantes e em profissionalizar esse ritmo com vistas a alcançar um público cada vez maior. Era um negro que entrava nos salões e, na canção "Professor de violão" (1931), ingênuo ou irônico (quem sabe ingênuo *e* irônico), imaginava para o samba uma função de inclusão:

*Até que enfim eu já vi*
*O violão ter valor*
*Ser dedilhado*
*Pela elite toda em flor*
*Já pode um preto cantar*
*Na casa do senador*
*Que tem palminha*
*Desde os filhos ao doutor.*

Da mesma forma, também não é por acaso que, nas canções, o termo raça aparece associado, de maneira recorrente, aos mecanismos de construção republicana e de representação nacional. O argumento é fartamente conhecido: a mestiçagem tem sido o traço positivo da nossa singularidade, e ao mesmo tempo solução para os dilemas da integração nacional e chave capaz de operar com as possibilidades de construção de uma civilização nos trópicos. Fruto do esforço deliberado de produção de uma imagem eufórica do país, dessa mistura de raças depende a trajetória promissora da nação brasileira — mistura branca e negra, bem entendido, uma vez que a cabocla índia aparece com pouquíssima frequência nos versos das canções do período.

A rigor, mestiça é a nação, a cultura e a própria prática da democracia.[75] Com efeito, se nos termos de Sinhô a mistura entre samba e democracia era principalmente condição de superação de desníveis sociais, no argumento de Pixinguinha e Cícero de Almeida, ao contrário, essa mistura incluía outros novos ingredientes. Em "Samba de fato" (1932), por exemplo, os versos da canção apontavam para o ideal normativo de uma democracia alargada pela prática do samba, que parecia funcionar como uma espécie de franquia política devidamente universalizada, apta a produzir uma efetiva inclusão de todos os brasileiros no seio da sociedade, em plena igualdade de condições e de participação na vida pública:

> Samba do partido alto
> Só vai cabrocha que samba de fato
> Só vai mulato filho de baiana
> E a gente rica de Copacabana
> Doutor formado de anel de ouro
> Branca cheirosa de cabelo louro
> Também vai negro que é gente boa
> Crioula prosa a gente dá coroa
> Porque no samba negro tem patente
> [...]
> Se por acaso tem desarmonia
> Vai todo mundo pra delegacia.

Contudo, a considerar o argumento de Pixinguinha, a natureza desse ideal de democracia era especialmente ambígua. De um lado, a canção reproduzia o funcionamento da casa de tia Ciata — ou da praça Onze, no Rio de Janeiro, palco principal do Carnaval carioca até a década de 1930 — para sublinhar no samba sua condição de fronteira sem limites precisos entre a cultura negra e a branca europeia, condição profundamente igualitária em que se interpenetravam instituições e práticas sociais. De outro lado, porém, os versos da canção também pareciam apontar para um certo problema na concretização política desse ideal democrático, já que só se atravessava essa fronteira sob certas condições: tal como ocorria na casa de tia Ciata, apenas a elite "dos bambas" e seus convidados — gente de prestígio econômico e social no Rio de Janeiro — podiam, de fato, tomar parte ativa no samba.

Em outros compositores, porém, como Haroldo Barbosa e Janet de Almeida, pareceu prevalecer a suposição de que se aquilo que distingue a democracia das outras práticas de convivência política é alguma forma de igualdade, então talvez fosse melhor ideia alimentar essa prática através da adoção de uma "ética das virtudes". Mais especificamente, diriam os autores em "Pra que discutir com Madame", seria conveniente alimentá-la através da prevalência da virtude da tolerância — a única capaz de combinar o esforço de desfazer preconceitos e ortodoxias com a disposição para respeitar a estranheza aparente do outro:

> *Madame diz que a raça não melhora*
> *Que a vida piora por causa do samba*
> *Madame diz que o samba tem pecado*
> *Que o samba coitado devia acabar*
> *Madame diz que o samba tem cachaça*
> *Mistura de raça mistura de cor*
> *Madame diz que o samba é democrata*
> *É música barata sem nenhum valor*
> *Vamos acabar com o samba*

*Madame não gosta que ninguém sambe*
*Vive dizendo que o samba é vexame*
*Pra que discutir com Madame?*

*Tolerare* (termo evidentemente ambíguo) significa suportar aquilo que, se sabe, é diverso, mas também combater — é algo que se ensina e que se aprende, o esforço de revelar dessemelhanças naquilo que parece ser homogêneo até o ponto em que um pode finalmente ir ao encontro do outro, tal como sugerem os versos da canção. A ideia de que a prática democrática exige tanto o encontro de contrários como o abandono da noção de que o outro é sempre e só o provocador que deve ser isolado e, no limite, considerado como desviante ou antissocial, aponta, no samba de Haroldo Barbosa e Janet de Almeida, para uma noção de justiça e de igualdade que constrói a figura do cidadão — e, de certo modo, avança com a definição de democracia para além dos imperativos da sobrevivência sustentados, por exemplo, nos versos das canções de Sinhô ou Pixinguinha.

Entretanto, é bastante provável que essas canções sejam também tributárias, para além do debate intelectual, de uma certa noção de democracia disseminada pela ação das grandes sociedades que regeram o Carnaval carioca desde a segunda metade do século XIX até o início do século XX. A existência dessas sociedades — em especial o Clube dos Democráticos Carnavalescos, com um traço de forte convivência racial, o Clube dos Tenentes do Diabo, marcadamente abolicionista, e o Clube dos Fenianos, de clara opção republicana[76] — ofereceu uma espécie de "vocabulário básico" aos sambistas na prática de certos valores do mundo público como igualdade, tolerância e sobretudo fraternidade, e ajudou a criar entre eles uma cultura mais democrática do que a até então existente em uma sociedade tão profundamente hierarquizada como a brasileira. A rigor, esses clubes, a meio caminho entre o mundo privado e a vida pública, cederam seus salões para um tipo específico de convivência que, no limite, terminou em samba.

Seja como for, e apesar das diferenças, o termo democracia, em qualquer dessas canções, garante, em primeiríssimo lugar, uma forma de convivência política definida pela mistura: de raça, de cor, de contraste, de alteridades. Provavelmente por conta disso, o tema da miscigenação, conforme aparece no cancioneiro, é bem característico. Valorizam-se as cores — branco, preto, anil, louro, bronze, escuro, moreno —, mas não se aponta raça. A canção popular é assimilacionista no plano da cultura, mas confirma o racismo e as formas de discriminação no terreno do privado.

Mas tal cenário aponta, por outro lado, para um argumento duplo. Ao mesmo tempo que confiam numa pedagogia deliberadamente normativa para construção de um modelo democrático de participação política, as canções indicam os limites de uma experiência política como a brasileira, com graves dificuldades para produzir uma cultura democrática ou materializar o aprofundamento qualitativo da forma e da prática da democracia entre nós. Dito de outro modo: numa sociedade marcada historicamente pela desigualdade e separada pela distância de padrões confortáveis à consolidação da democracia, sobretudo no nível do mundo, da vida e da sociedade civil, a cor se estabelece no cotidiano e o racismo se afirma basicamente de forma privada.

Esse tipo particular de racismo aparece de diferentes maneiras nos versos das canções, mantendo, porém, algumas ênfases principais: com relação à sexualidade da mulata exótica, sensual e muito perigosa porque feiticeira, macumbeira; reafirmando (ou denunciando) formas de hierarquia arraigadas; indicando a raça como situação passageira e circunstancial; sinalizando para o preconceito reconhecido nas marcas de aparência física. O samba "Recenseamento" (1940), de Assis Valente, por exemplo, produz um comentário exemplar sobre a ambiguidade dessa sociedade capaz de combinar no comportamento de um mesmo personagem exclusão social com assimilação cultural. Ou então capaz de associar à figura do mulato uma definição da identidade nacional brasileira e, simultaneamente, expressar um racismo que se esconde por detrás de uma suposta garantia da universalidade das leis, e lança para o terreno do privado o jogo da discriminação, produzindo embates humilhantes com as pequenas autoridades do cotidiano:

*Em 1940 lá no morro*
*Começaram o recenseamento*
*E o agente recenseador*
*Esmiuçou a minha vida*
*Que foi um horror*
*E quando viu a minha mão*
*Sem aliança*
*Encarou para a criança*
*Que no chão dormia*
*E perguntou*
*Se meu moreno era decente*
*Se era do batente ou era da folia*
*Obediente sou a tudo que é da lei*
*Fiquei logo sossegada*
*E lhe falei então:*
*O meu moreno é brasileiro*
*É fuzileiro*
*E é quem sai com a bandeira do seu batalhão.*[77]

Como se vê, nas notas da canção popular brasileira, sobretudo naquela que explode durante os anos 1930 até o período da assim chamada *era do rádio*, alguns temas aparecem de maneira reiterada. A exaltação de uma certa *diferença nacional*, dada por alguns elementos de distinção e particularidade, passou a ser sistematicamente celebrada por nossos bardos: de um lado, o elogio da natureza — o calor, o mar, os trópicos; de outro, a experiência brasileira de relações raciais, que incluía a geração de mestiços bonitos, saudáveis, de hábitos alegres, por vezes exóticos, no mais das vezes harmoniosos. O tom zombeteiro das músicas, o perfil irônico e sem compromisso dos personagens ajudam a compor essa espécie de *tipo nacional,* que incorpora a valorização da presença da *cor* e executa essa pirueta de transformar a mulata em símbolo e motivo de orgulho para a nação.

O corolário dessa façanha musical é a elaboração de uma certa resposta, digamos assim, capaz de organizar o passado nacional, fazer inteligível o presente e explicar diante das outras nações o que nos tornaria diferentes. No interior desse panorama, muito bem representado pelo cancioneiro popular, o ideal de mestiçagem acabou se transformando no *locus* da autenticidade nacional, e a categoria *mulata,* em uma espécie de acerto desse ideal. Nessa figura, claramente idealizada e exotizada, residia a possibilidade de promover um precário equilíbrio, em que as diferenças conviveriam intensa e ambiguamente.

Da mesma maneira, reprimido ou não, o malandro carregava para os anos 1930 o preconceito que pairava com relação ao trabalho, sobretudo manual, desde o período escravocrata. Desta feita, porém, a aversão ao labor, ainda associada à "coisa de preto", ancorava-se na mestiçagem e vinculava-se à nova imagem da vagabundagem. A cor está presente, mas é quase um cenário que resguarda as diferenças — apesar de o critério ainda ser o da fenotipia, o acento já não recai na distinção biológica, e sim na cultural. Isso sem falar da figura da mulata, que, exportada em virtude de sua beleza exótica e sensual, convertia-se cada vez mais em ícone de uma certa brasilidade. De toda forma, nesse movimento de nacionalização uma série de símbolos vão virando mestiços, assim como uma alentada convivência cultural miscigenada se torna modelo de igualdade racial. Segundo esse modelo, pautado em uma visão oficial, a desigualdade e a violência do dia a dia até parecem questões a serem menosprezadas.

## NAS FALÁCIAS DO MITO: FALANDO DA DESIGUALDADE RACIAL

O impacto e a penetração desse tipo de interpretação, que destacava a situação racial idílica vivenciada no país, levaram, em 1951, à aprovação de um projeto de pesquisa financiado pela Unesco e intermediado, no Brasil, por Alfred Métraux. Confiante nas análises de Freyre e Pierson, a instituição alimentava o propósito de usar "o caso brasileiro" como material de propaganda, e com esse objetivo inaugurou o Programa de Pesquisas sobre Relações Raciais no Brasil. A hipótese sustentada era que o país representava um exemplo neutro na manifestação de preconceito racial e que seu modelo poderia servir de inspiração para outras nações cujas relações eram menos "democráticas". Para tanto foram contatados especialistas reconhecidos como C. Wagley, Thales de Azevedo, René Ribeiro, Costa Pinto, Roger Bastide, Oracy Nogueira e Florestan Fernandes, entre outros, que deveriam pesquisar "a realidade racial brasileira".[78]

Da parte da Unesco havia, portanto, a expectativa de que os estudos fizessem um elogio da mestiçagem e enfatizassem a possibilidade do convívio harmonioso entre etnias nas sociedades modernas. No entanto, se algumas obras — como *As elites de cor* (1955), de autoria de Thales de Azevedo — se engajavam no projeto de ideologia antirracista desenvolvido pela organização, outras passaram a efetuar uma revisão nos modelos assentados. Este é o caso das análises de Costa Pinto para o Rio de Janeiro e de Roger Bastide e Florestan Fernandes para São Paulo, que nomearam as falácias do mito: em vez de democracia surgiam indícios de discriminação, em lugar da harmonia, o preconceito.

Particularmente reveladoras são as análises de Fernandes, que aborda a temática racial tendo como fundamento o ângulo da desigualdade.[79] Em suas obras estará em questão não só a tese da democracia racial brasileira como as bases de sua construção. "A ausência de tensões abertas e de conflitos permanentes é, em si mesma, índice de 'boa' organização das relações raciais?",[80] perguntava o sociólogo paulista, questionando a frágil decorrência entre uma afirmação e outra. Enfrentando os impasses gestados por essa sociedade recém-egressa da escravidão, Florestan Fernandes problematizava a noção de "tolerância racial" vigente no país, contrapondo-a a um certo código de decoro que, na prática, funcionava como um fosso intransponível entre os diferentes grupos sociais. A inovação partia das bases teóricas dessa escola: em lugar das análises culturalistas, as visadas sociológicas, centradas no tema da modernização do país, e valendo-se da investigação do processo que levava à passagem do mundo tradicional ao moderno, abria-se uma ampla discussão sobre a situação das classes sociais no Brasil.[81]

O autor notava, ainda, a existência de uma forma particular de racismo: "um preconceito de ter preconceito". Ou seja, a tendência do brasileiro seria continuar discriminando, apesar de considerar tal atitude ultrajante (para quem sofre) e degradante (para quem a pratica).[82] Resultado da desagregação da ordem tradicional, vinculada à escravidão e à dominação senhorial, essa polarização de atitudes era, segundo Fernandes, uma consequência da permanência de um etos católico. Seriam os *mores cristãos* os responsáveis por uma visão de mundo cindida, que levava a seguir uma orientação prática totalmente adversa às obrigações ideais. É por isso que o preconceito de cor no Brasil seria condenado sem reservas, como se representasse um mal em si mesmo. Não obstante, a discriminação presente na sociedade mantinha-se intocada, desde que preservado um certo decoro e que suas manifestações continuassem ao menos dissimuladas.

O racismo aparece, dessa maneira — e mais uma vez —, como uma expressão de foro íntimo, mais apropriado para o recesso do lar, quase um estilo de vida. É como se os brasileiros repetissem o passado no presente, traduzindo-o na esfera privada. A extinção da escravidão, a universalização das leis e do trabalho não teriam afetado o padrão tradicional de acomodação racial; ao contrário, agiriam no sentido de camuflá-lo. Segundo Fernandes, a maneira como haveria se dado a abolição não teria colaborado para que os libertos atuassem de maneira civil e política, lutando por seus direitos.

Atualmente, uma nova historiografia vem reformulando alguns conceitos, sobretudo aqueles que levaram a chamar a Primeira República de "República Velha". Hoje sabemos que a alcunha teria sido dada pelo próprio governo Vargas, no sentido de destacar os ganhos republicanos de seu governo e diminuir a relevância do período imediatamente anterior. Mas é preciso destacar que a Primeira República foi marcada por movimentos de contestação e de reinvindicação de todo tipo (como são exemplo a Revolta da Vacina, a Revolta da Armada e da Marinha e mesmo Canudos ou Contestado). Além do mais, não se desconhecem os ganhos institucionais do período, e são muitas as manifestações negras expressas em jornais de classe ou em demandas políticas. O que de fato jamais existiu foram formas de discriminação pautadas na lei, o que não pode ter como corolário o suposto da inexistência de discriminação.

Por meio de análises diversas, a especificidade do preconceito no Brasil fica evidenciada nesse seu caráter privado e pouco formalizado. O resultado é a confusão de miscigenação com ausência de estratificação, além da construção de uma idealização voltada para o branqueamento. Chegamos, de tal modo não só ao "quanto mais branco melhor" como à já tradicional figura do "negro de alma branca"; branca na sua interioridade, essa figura representou, sobretudo até os anos 1970, o protótipo do negro leal, devotado ao senhor e sua família, assim como à própria ordem social.[83] A partir dessa imagem, podemos vislumbrar o paradoxo da situação racial vivenciada no Brasil: uma alentada mobilidade social teria eliminado algumas barreiras existentes no período escravocrata, mas criado outras de ordem econômica e mesmo moral, qual seja para aqueles que não compartilhavam de semelhante figurino ou que se opunham a certos códigos morais vivenciados de forma cada vez mais internalizada.

Já Florestan Fernandes diagnosticava a existência de um racismo dissimulado e assistemático, percebido a partir dos dados estatísticos. Nos resultados do censo de 1950, o sociólogo encontrava não só diferenças regionais (com uma grande maioria de negros e mulatos no Nordeste) como concentrações raciais de privilégios econômicos, sociais e culturais. O conjunto das pesquisas apontava, portanto, para novas facetas da "miscigenação brasileira". Sobrevivia como legado histórico um sistema enraizado de hierarquização social que introduzia gradações de prestígio com base em critérios como classe social, educação formal, localização regional, gênero e origem familiar e em todo um *carrefour* de cores e tons. Quase como uma referência nativa, o "preconceito de cor" fazia as vezes das raças, tornando ainda mais escorregadios os argumentos e mecanismos de compreensão da discriminação. Chamado por Fernandes de "metamorfose do escravo",[84] o processo brasileiro de exclusão social desenvolveu-se a ponto de empregar termos como preto ou negro — que formalmente remetem à cor da pele — em lugar da noção de classe subalterna, um movimento que com frequência apaga o conflito e a diferença.

A chegada dos anos 1970 traz, porém, todo um movimento de contestação aos valores vigentes, que eram questionados na política oficial ou mais alternativa, na literatura, na música. Data dessa época, também, o surgimento do Movimento Negro Unificado (MN) que, ao lado de outras organizações paralelas, passava a discutir as formas tradicionais de poder.[85] Apoiado, em boa parte, nas conclusões de Florestan Fernandes e da Escola Paulista de Sociologia, o MN tornou mais forte o coro daqueles que já demonstravam o lado mítico da democracia racial: exaltada como modelo, mas dificilmente encontrada na realidade.

"O elevador, instrumento que viabilizou a verticalização das metrópoles no Brasil, tornou-se instrumento de discriminação social e racial. Na foto, uma portaria típica: 'O seu direito começa quando meu tapete acaba'." *Jornal do Brasil*, 4 de dezembro de 1988.

QUADRO 1

População brasileira, segundo as regiões fisiográficas e a cor, em 1950

| Cor | Regiões fisiográficas | | | | | |
|---|---|---|---|---|---|---|
| | NORTE | NORDESTE | LESTE | SUL | CENTRO--OESTE | BRASIL |
| BRANCOS | 577 329 31% | 5 753 697 46% | 9 878 386 52,8% | 14 836 496 87% | 981 753 56,5% | 32 027 661 61,6% |
| MULATOS | 1 171 352 63,5% | 5 339 729 42,7% | 6 007 294 31,7% | 696 956 4% | 571 411 32,3% | 13 786 742 26,6% |
| NEGROS | 90 061 5% | 1 374 899 11% | 2 959 423 15,6% | 1 093 887 6,5% | 174 387 10% | 5 692 657 11% |
| AMARELOS | 1 446 0,07% | 216 0,002% | 5 967 0,03% | 316 641 2% | 4 812 0,3% | 329 082 0,6% |
| COR NÃO DECLARADA | 4 467 0,2% | 25 936 0,2% | 41 937 0,2% | 31 313 0,2% | 4 602 0,3% | 108 255 0,2% |
| TOTAL | 1 844 655 100% | 12 494 477 100% | 18 893 007 100% | 16 975 293 100% | 1 736 965 100% | 51 944 397 100% |

Fonte: Instituto Brasileiro de Geografia e Estatística — Conselho Nacional de Estatística, recenseamento geral do Brasil (1º jul. 1950), Rio de Janeiro, Serviço Gráfico do IBGE, 1956, vol. I, p. 5, apud F. FERNANDES, *A integração do negro na sociedade de classes*.

QUADRO 2

Distribuição percentual da população brasileira segundo a cor, pelas regiões fisiográficas do país, em 1950*

| Cor | Regiões | | | | | |
|---|---|---|---|---|---|---|
| | NORTE | NORDESTE | LESTE | SUL | CENTRO--OESTE | BRASIL |
| BRANCOS | 1,8% | 17,9% | 30,8% | 46,3% | 3,06% | 100% |
| MULATOS | 8,5% | 38,7% | 43,5% | 5,1% | 4% | 100% |
| NEGROS | 1,6% | 24,1% | 52% | 19,2% | 3,1% | 100% |
| AMARELOS | 0,4% | 0,06% | 1,8% | 96,2% | 1,5% | 100% |

Fonte: Idem. * Foram omitidas as respostas sem cor declarada.

QUADRO 3

Posição na ocupação das pessoas economicamente ativas da população brasileira, em 1950*

| Cor | Posição na ocupação | | | |
|---|---|---|---|---|
| | EMPREGADOS | EMPREGADORES | POR CONTA PRÓPRIA | MEMBRO DA FAMÍLIA |
| BRANCOS | 4 949 919 60,83% | 519 197 82,66% | 2 873 663 59,01% | 1 790 529 61,70% |
| MULATOS | 1 912 111 23,50% | 78 448 12,49% | 1 457 496 29,93% | 799 824 27,56% |
| NEGROS | 1 249 578 15,36% | 19 460 3,09% | 503 961 10,35% | 274 988 9,47% |
| AMARELOS | 25 003 0,31% | 11 018 1,75% | 33 991 0,70% | 36 793 1,27% |
| TOTAL | 8 136 611 100% | 628 123 100% | 4 869 111 100% | 2 902 134 100% |

Fonte: Idem. * Foram omitidas as respostas sem declaração de posição.


QUADRO 4

Diplomados com 10 anos e mais na população brasileira, segundo a cor, em 1950*

| Cor | Cursos realizados | | |
|---|---|---|---|
| | ELEMENTAR | MÉDIO | SUPERIOR |
| BRANCOS | 4 523 535 84,10% | 928 905 94,22% | 152 934 96,87% |
| MULATOS | 551 410 10,25% | 41 410 4,20% | 3 568 2,26% |
| NEGROS | 228 890 4,26% | 6 794 0,69% | 448 0,28% |
| AMARELOS | 74 652 1,39% | 8 744 0,89% | 924 0,59% |
| TOTAL | 5 378 487 100% | 985 853 100% | 157 874 100% |

Fonte: Idem. * Foram omitidas as respostas sem declaração de cor e de grau de ensino.

Nas diferenças no acesso à educação e ao lazer, na distribuição desigual de rendas, estavam as marcas da discriminação, que fugia da alçada oficial, mas era evidente no cotidiano. Por certo, os primeiros estudos dos anos 1950 foram importantes na futura desmontagem do mito da democracia racial. No entanto, em sua desconstrução, Florestan Fernandes de alguma maneira circunscreveu o tema da raça a uma questão de classe e abandonou a cultura: em um contexto assinalado pela radicalização política, o tema racial parecia subsumido em uma questão maior, ou seja, a luta entre classes sociais. Era via modernização e democratização do Estado que a questão racial, entre outras, se solucionaria no Brasil, e não por meio do enfrentamento de suas especificidades.

Apesar de ser essa, sem dúvida, uma forma privilegiada de entender a questão, estudos mais recentes, e seguindo a voga dos números, retomaram o tema e demonstraram que o preconceito de cor não estava exclusivamente atrelado a uma questão econômica e social; ao contrário, persistia como um dado divisor em nossa sociedade. Preconceito é marca abrangente e significa fazer da diferença (seja ela racial, de gênero, de região, de classe) algo mais do que efetivamente é. Em outras palavras, implica valorizar negativamente certos marcadores sociais de diferença e incluir neles uma análise moral. Por isso, e diante do caráter disseminado das práticas de racismo, apenas a análise econômica não dá conta da realidade.

Tendo em mente essa pespectiva, uma série de pesquisas passaram a insistir na tese da desigualdade introduzida por Fernandes. Apesar de se oporem igualmente ao argumento oficial que continuava a destacar uma certa brandura de nossas relações raciais, nesses novos estudos quantitativos dos anos 1980 uma nova compreensão se destacava, buscando dar conta da realidade mais profunda do racismo brasileiro, o que implicava refletir sobre uma política de desigualdades que separa os negros dos demais grupos e brancos de não brancos, privilegiando diferentes esferas e políticas da produção da diferença: justiça, nascimento e morte, trabalho e lazer.

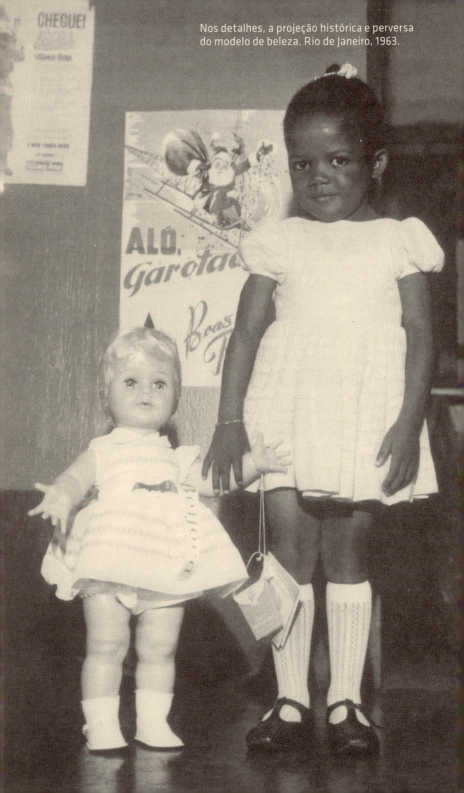

Nos detalhes, a projeção histórica e perversa do modelo de beleza. Rio de Janeiro, 1963.

## CULTURA JURÍDICA: RAÇA COMO SILÊNCIO E COMO AFIRMAÇÃO

Uma das especificidades do preconceito vigente no país é, como vimos, seu caráter não oficial. Enquanto em outros países adotaram-se estratégias jurídicas que garantiam a discriminação dentro da legalidade — seja por meio de políticas oficiais do *apartheid*, seja estabelecendo cotas étnicas —, no Brasil, desde a proclamação da República, a universalidade da lei foi afirmada de maneira taxativa: nenhuma cláusula, nenhuma referência explícita a qualquer tipo de diferenciação pautada na raça.

No entanto, como silêncio não é sinônimo de inexistência, o racismo foi aos poucos reposto por aqui primeiro de forma "científica", com base no beneplácito da biologia, e depois pela própria ordem do costume. Se tal constatação não fosse verdadeira, como explicar o surgimento nos anos 1950 de leis que culpabilizavam, pela primeira vez, a discriminação? Assim como não se inventam regras se não existe a intenção de burlá-las, o certo é que a Lei Afonso Arinos, de 1951, ao punir o preconceito, acabava por formalizar a sua existência. Contudo, por causa da falta de cláusulas impositivas e de punições mais severas, a medida mostrou-se ineficaz até mesmo no combate a casos bem divulgados de discriminação no emprego, na escolas e em serviços públicos.[86]

Tudo leva a crer que mais uma vez estamos diante da forma dúbia com que os brasileiros respondem às regras. Caso ainda mais significativo é o da Constituição de 1988, regulamentado pela Lei n. 7716, de 5 de janeiro de 1989, que afirma ser o racismo um crime inafiançável.[87] Analisando-se seu texto, depreende-se uma reiteração do "preconceito *à la* brasileira" de maneira invertida, porém mais uma vez simétrica. Só são consideradas discriminatórias atitudes preconceituosas tomadas em público. Atos privados ou ofensas de caráter pessoal não são imputáveis, mesmo porque precisariam de testemunha para a sua confirmação.

O primeiro artigo da lei já indica a confusa definição da questão no país: "Serão punidos, na forma desta Lei, os crimes de preconceitos de raça ou de cor", ou seja, raça aparece como sinônimo de cor,[88] numa comprovação de que, aqui, os termos são homólogos e intercambiáveis. Os demais artigos são também reveladores:[89]

> Artigo 3º — Impedir ou obstar o acesso de alguém, devidamente habilitado, a qualquer cargo da Administração Direta ou Indiretamente, bem como das concessionárias de serviços públicos: Pena — reclusão de 2 (dois) a 5 (cinco) anos.
> Artigo 4º — Negar ou obstar emprego em empresa privada [...]
> Artigo 5º — Recusar ou impedir acesso a estabelecimento comercial, negando-se a servir, atender ou receber cliente ou comprador [...]
> Artigo 6º — Recusar, negar ou impedir a inscrição ou ingresso de aluno em estabelecimento de ensino público ou privado de qualquer grau [...]
> Artigo 7º — Impedir o acesso ou recusar hospedagem em hotel, pensão, estalagem, ou qualquer estabelecimento similar [...]
> Artigo 8º — Impedir acesso ou recusar atendimento em restaurantes, bares, confeitarias ou locais semelhantes abertos ao público [...]
> Artigo 9º — Impedir o acesso ou recusar o atendimento em estabelecimentos esportivos, casas de diversões ou clubes sociais abertos ao público [...]
> Artigo 10 — Impedir o acesso ou recusar atendimento em salões de cabeleireiros, barbearias, termas ou casas de massagem ou estabelecimentos com a mesma finalidade [...]
> Artigo 11 — Impedir o acesso às entradas oficiais em edifícios públicos ou residenciais e elevadores ou escada de acesso aos mesmos [...]
> Artigo 12 — Impedir o acesso ou o uso de transportes públicos como aviões, navios, barcas, barcos, ônibus, trens, metrô ou qualquer meio de transporte conhecido [...]

Artigo 13 — Impedir ou obstar o acesso de alguém ao serviço em qualquer ramo das Forças Aéreas [...]
Artigo 14 — Impedir ou obstar, por qualquer meio ou forma, o casamento ou convivência familiar e social [...]
Artigo 20 — Praticar, induzir, ou incitar pelos meios de comunicação social ou por publicação de qualquer natureza a discriminação de raça, cor, etnia [...]

A lei é, em primeiro lugar, pródiga em três verbos: *impedir*, *recusar* e *negar*. Racismo é, portanto, de acordo com o texto da lei, proibir alguém de fazer alguma coisa por conta de sua cor de pele. No entanto, o caráter direto e até descritivo da lei não ajuda quando de fato é preciso punir. No caso mais clássico, o do porteiro que impede o acesso de alguém a uma boate ou a um edifício, seria necessário que um terceiro testemunhasse o acontecido e que a polícia fosse até o local para que se caracterizasse o crime. Na impossibilidade do cumprimento dessas exigências, a saída foi trocar a atitude por uma placa que desde 1996 deve constar nas entradas dos prédios, e de preferência ao lado dos elevadores sociais (pois os de serviço — a regra da intimidade diz — são mesmo para os serviçais, majoritariamente negros), com os seguintes dizeres: "É vedada, sob pena de multa, qualquer forma de discriminação em virtude de raça, sexo, cor, origem, condição social, idade, porte ou presença de deficiência física e doença não contagiosa por contato social ao acesso dos elevadores deste edifício".[90] Novamente a esfera pública só maquia o costume da intimidade, que é basicamente conservado como tal. Parte da esfera do discurso politicamente correto, a medida tem prevenido sobretudo que se "diga" algo, não tanto que deixe de "fazer". Culturas são como linguagens, e todo aquele que fala e entende português sabe que elevador de serviço é quase uma instituição no Brasil. A ideia de serviço no país, como já vimos, está ligado ao trabalho manual, sob o qual continua a vigorar um certo preconceito, por conta de sua associação histórica com o "trabalho escravo". Mais ainda: trabalho é considerado "coisa de negro" e, por isso mesmo, no vocábulo interno, a própria existência do elevador de serviço já implica a ideia de constranger o acesso de pessoas de cor às áreas sociais.

Tomando-se o texto da lei, fica caracterizado que racismo no Brasil é passível de punição apenas quando reconhecido publicamente. Hotéis, bares e restaurantes, clubes, ônibus e trens, elevadores... são locais de grande circulação, e neles a discriminação é condenável. Não existem referências, porém, à possibilidade de a pena ser aplicada quando algum abuso desse tipo ocorrer, por exemplo, no interior do lar ou em locais de maior intimidade. Para esses casos, mais uma vez, o texto silencia.

Além disso, a lei chega a descrições detalhadas dos locais ou veículos em que o racismo pode ser punido, mas, de novo, é pouco específica quando se trata de delimitar a ação da justiça. Somente é possível ocorrer a prisão quando há flagrante ou a presença de testemunhas e a confirmação do próprio acusado. Contudo, como é que se prende alguém que, sinceramente, discrimina afirmando não discriminar? O fato é que o ofensor na maior parte dos casos se livra da pena, ora porque o flagrante é quase impossível, ora porque as diferentes alegações põem a acusação sob suspeita.[91] Apesar de bem-intencionado, o texto não dá conta do lado intimista e jamais afirmado da discriminação brasileira. As regras são sempre avançadas, mas só fazemos driblá-las, razão por que a lei — expressão de uma demanda social — é poucas vezes acionada.

Exemplo dessa ineficácia é a atuação da Delegacia de Crimes Raciais de São Paulo. Nos três primeiros meses de 1995, a instituição registrou 53 ocorrências — menos de uma por dia.[92] Tal constatação parece revelar, porém, não a inexistência do preconceito, e sim a falta de credibilidade dos espaços oficiais de atuação. A lei é para poucos, ou como afirma o dito do brasileiro: "Aos inimigos a lei, aos amigos tudo".[93] Na falta de mecanismos concretos, a discriminação transforma-se em injúria ou admoestação de caráter pessoal e circunstancial.

O fato é que no Brasil a aplicação de políticas de ação afirmativa — expediente político-administrativo busca, por meio da intervenção no mercado ou de incentivos nos setores públicos e privados, atuar sobre a desigualdade social — é algo recente. Como demonstram Marcos Chor Maio e Ricardo Ventura Santos, apesar de o debate intelectual sobre o tema datar dos anos 1970, e de já em 1978 ter se fundado o Movimento Negro Unificado e na década de 1980 terem se criado institutos e leis como a Fundação Palmares ou a Lei Caó, a questão só entraria de fato na agenda política no governo FHC.[94]

Foi em 20 de novembro de 1995, por ocasião do centenário de Zumbi, que se instituiu o Grupo de Trabalho Interministerial para a Valorização da População Negra. Em junho de 1996, o Ministério da Justiça promoveu o seminário *Multiculturalismo e Racismo: O papel da "ação afirmativa" nos Estados Democráticos Contemporâneos*, com intenção de recolher subsídios na organização de políticas públicas para a população negra. A reunião partia do reconhecimento oficial da existência de preconceito no Brasil, e era chancelada por Fernando Henrique, cuja tese de doutorado indagava exatamente sobre as relações entre capitalismo e escravidão no Rio Grande do Sul.

No entanto, nessa mesma ocasião, o então presidente acabaria por valorizar uma certa ambiguidade em nossa formação cultural: uma "criatividade para solucionar desigualdades". Saindo pela tangente, declamaria que: "as aves que aqui gorjeiam não gorjeiam como lá", numa forma *gauche* de comentar nossa particularidade no convívio racial. Essa ambivalência permearia grande parte da atuação de seu governo: embora o Programa Nacional de Direitos Humanos (PNDC), criado em 1996, previsse políticas compensatórias, até 2001 pouco havia sido feito.

Uma certa guinada nessa história se deu em setembro de 2001, com a realização da *Conferência Mundial contra o Ra-*

*cismo, Discriminação Racial, Xenofobia e formas correlatas de intolerância*, realizada em Durban, na África do Sul, sob os auspícios da ONU. Afinal, o documento resultante da Conferência recomendava — diretamente — a implementação de ações afirmativas. Na sequência, e não por acaso, o governo brasileiro definiria um programa de cotas no âmbito de alguns ministérios (Desenvolvimento Agrícola, Reforma Agrária, Justiça, Relações Exteriores), e a Assembleia Legislativa do Estado do Rio de Janeiro destinaria 40% das vagas das universidades estaduais para pretos e pardos.

Para deixar curta uma longa história, basta dizer que o governo Lula assumiu ainda mais diretamente esse tipo de política. O debate não se limita ao tema da reforma universitária, se estende também à discussão sobre o ensino médio — com a aprovação, em março de 2004, da disciplina História e Cultura Afro-brasileira e Africana ou do formulário enviado pelo MEC às escolas, solicitando a declaração nominal da "cor/raça" dos alunos. Isso sem falar da conturbada publicação oficial da cartilha *Politicamente Correto & Direitos Humanos*, que condena o uso de 96 expressões consideradas pejorativas.

Não cabe aqui analisar cada uma dessas iniciativas, mas antes assinalar uma nova tendência, cujo exemplo mais paradoxal foi o da Universidade de Brasília, a UnB, que em 2004 mandou fotografar os vestibulandos negros como forma de garantir a comprovação da "veracidade da cor". A confusão, hoje sabemos, rolou solta, com dois irmãos gêmeos manipulando sua cor de maneiras opostas: um como branco, outro como negro. Estamos ou não recuperando modelos do século XIX, que definiam raça como um conceito biológico e associado ao fenótipo?

Isso sem esquecer o tropeção de Lula, que, em um debate nas eleições de 2002, quando perguntado sobre a política de cotas do PT para as universidades federais, respondeu: "A verdade é que você tem fórmulas científicas para determinar quem é negro, branco, pardo, ou amarelo". Não possuímos tais fórmulas mágicas, e a resposta de Lula representa o paralelo atualizado da metáfora das aves que gorjeiam de FHC. Entre a versão otimista e culturalista — que tende a destacar uma originalidade essencial — e a visão cientificista — que define a cor com base no tipo genético —, permanecemos atolados nesse lamaçal, sem notar que raça é uma construção social.

Mas, se ainda tateamos nessa seara, sobretudo quando se compara o caso brasileiro com a experiência de outros países, como os Estados Unidos, onde a expressão "ação afirmativa" apareceu pela primeira vez já nos tempos de John F. Kennedy, o importante é que de lá para cá muita água correu, e já não há como negar a realidade desse tipo de política, que visa aplainar desigualdades historicamente constituídas. Objetivando construir modelos diversos de autoestima, e criar medidas que gerem novas políticas pedagógicas visando à variedade da composição histórica de sua população, o governo instituiu a lei n. 10.639, de 9 de janeiro de 2003. A Lei 10.639/2003 altera a Lei de Diretrizes e Bases da Educação Nacional (LDB), incluindo o seguinte artigo:

> Art. 26 — A Nos estabelecimentos de ensino fundamental e médio, oficiais e particulares, torna-se obrigatório o ensino sobre História e Cultura Afro-Brasileira.
> §1º O Conteúdo programático a que se refere o *caput* deste artigo incluirá o estudo da História da África e dos Africanos, a luta dos negros no Brasil, a cultura negra brasileira e o negro na formação da sociedade nacional, resgatando a contribuição do povo negro nas áreas social, econômica e política pertinentes à História do Brasil.
> §2º Os conteúdos referentes à História e Cultura Afro-Brasileiras serão ministrados no âmbito de todo o currículo escolar, em especial nas áreas de Educação Artística, de Literatura e História Brasileiras.

Uma lei como essa não é de fácil aplicação. Tem sido necessária uma ampla formação de professores em, por exemplo, História da África, ou no universo das culturas afro-brasileiras, para que não sejam divulgadas visões muito essencialistas sobre uma África mítica, ou acerca de uma só cultura e ainda mais exotizada. Também não se desconhecem as dificuldades enfrentadas quando se trata de estudar concepções religiosas complexas como o candomblé, sobretudo diante do predomínio do cristianismo em nosso país. Essa lei, no entanto, visa recuperar a diversidade de nossa formação e fazer jus à riqueza de nossa história híbrida em povos e culturas. Se nenhum argumento convencer, vale a menção aos contínuos e sofridos relatos de crianças negras que querem, por exemplo, atuar em peças como "Branca de Neve" e que não conseguem ganhar seu papel, ou que são impedidas de se fantasiar de anjos, pois anjos são brancos.[95] Muitas vezes o corpo da lei abre boas apostas. Se a democracia racial não é uma realidade, é com certeza uma ótima utopia para imaginar.[96]

Na tela acadêmica do pintor espanhol M. Brocos, chamada *A redenção de Can*, vemos a representação do processo de branqueamento tal como apregoado pelo governo brasileiro à época. Nela aparecem uma avó muito negra, que é retratada como se agradecesse a Deus por algum milagre; à direita o pai branco, que lembra um português; e ao centro uma mãe mulata e de traços "suavizados" com um bebê branco e de cabelos lisos no colo. Tudo ambientado num cenário que mais lembra um cortiço, com suas casas de pau a pique e uma palmeira a certificar a origem tropical.

## QUANDO A DESIGUALDADE É DA ORDEM DA INTIMIDADE E ESCAPA À LEI

Até mesmo quando no plano das leis tudo parecia referendar a representação de um país de convivência racial democrática, tal constatação, no entanto, já poderia soar estranha em vista dos dados mais recentes, demonstrativos de que não há na sociedade brasileira, e sobretudo no que se refere à população negra, uma distribuição equitativa e equânime de direitos. Essa afirmação pode ser comprovada com base em graus e esferas diferentes. Comecemos pelos espaços públicos de atuação e pelos resultados gerais da demografia, para então chegarmos cada vez mais à privacidade.

A distribuição geográfica desigual representa um fator de grande importância na análise da conformação brasileira. Praticamente metade da população classificada sob o termo parda encontra-se na região Nordeste (49,8%), sendo a fração correspondente à branca de apenas 15,1%. Por outro lado, nas áreas do Sudeste (Rio de Janeiro e São Paulo) e do Sul acham-se 64,9% da população branca e somente 22,4% da população parda.[97] Essa divisão desigual é, por sua vez, um dos elementos que explicam a difícil mobilidade ascendente dos não brancos, obstaculizada pela sua concentração nos locais geográficos menos dinâmicos: nas áreas rurais em oposição às cidades e, dentro das cidades, em bairros mais periféricos.[98]

Dados concernentes ao mercado de trabalho demonstram, também, notórias evidências de desigualdade racial. Tomando-se os onze ramos de atividades selecionados pelo IBGE, nota-se que a maior parte da população ocupada (84,25%) se concentra nos seguintes ramos: agrícola (24,6%), prestação de serviços (17,6%), indústria (15,7%), comércio (11,6%), social (8,1%) e construção civil (6,6%).[99] Quanto ao quesito "cor", entretanto, com exceção do setor agrícola, evidencia-se o predomínio branco e, às vezes, amarelo na distribuição da população no interior das atividades. As populações preta e parda aparecem de modo claramente desproporcional na distribuição de empregos.

Tal situação reflete-se, de forma imediata, no perfil e na renda dos grupos. Usando o censo demográfico de 1960, o sociólogo Valle e Silva comprovou que a renda média dos brancos era o dobro da renda do restante da população, e que um terço dessa diferença podia ser atribuído à discriminação no mercado de trabalho.[100]

Mas não é só sob esse ângulo que pode ser percebida a desigualdade existente no Brasil. Sergio Adorno investigou a existência de racismo nas práticas penais brasileiras, partindo do princípio de que a igualdade jurídica constitui uma das bases fundamentais da sociedade moderna: supõe que qualquer indivíduo — independentemente da sua classe, gênero, geração, etnia, ou qualquer outra clivagem socioeconômica ou cultural — deve gozar de direitos civis, sociais e políticos.[101] Em sua pesquisa o sociólogo constatou um tratamento diferenciado, pautado na cor: "[...] isto é, se é negro, é mais perigoso; se é branco, talvez não seja tanto".[102] Além disso, no preenchimento de formulários notou que, quando o indiciado tinha o direito de definir sua cor, branqueava sempre a resposta: "Sou moreno claro, quase branco". Adorno pôde observar também que conforme o andamento do processo penal alguns tendiam a "enegrecer" e outros a "embranquecer", ou subitamente "tornar-se pardos". Ou seja, no curso do inquérito, a partir do momento em que se provava que o réu era trabalhador e pai de família, o acusado transformava-se mais e mais em "moreno claro", sendo o inverso também verdadeiro. Os dados são ainda mais conclusivos quando esclarecem o perfil geral das condenações: "a) réus negros tendem a ser mais perseguidos pela vigilância policial; b) réus negros experimentam maiores obstáculos de acesso à justiça criminal e maiores dificuldades de usufruírem do direito de ampla defesa, assegurada pelas normas constitucionais vigentes; c) em decorrência, réus negros tendem a merecer um tratamento penal mais rigoroso, representado pela maior probabilidade de serem punidos comparativamente aos réus brancos".[103]

Com relação à educação, os resultados mostram-se também reveladores. Interpretando os dados da Pesquisa Nacional por Amostra de Domicílio (PNAD) de 1982 — e trabalhando com os índices referentes a São Paulo —, a pesquisadora Fulvia Rosenberg verificou uma clara desigualdade no que diz respeito ao acesso ao ensino básico. Além do mais, atestou-se a maior concentração de negros nas instituições públicas — 97,1%, comparados aos 89% brancos — e nos cursos noturnos: 13% negros e 11% brancos. A autora não deixa dúvidas sobre a discriminação existente: "[...] a população pobre frequenta escola pobre, os negros pobres frequentam escolas ainda mais pobres [...] toda vez que o ensino propicia uma diferenciação de qualidade, nas piores soluções encontramos uma maior proporção de alunos negros".[104]

Quanto à taxa de alfabetização, há diferenças notáveis: no grupo de indivíduos definidos como pretos chega-se a 30% de analfabetismo, dado elevado quando comparado não tanto aos 29% atribuídos à população parda, mas aos 12% entre brancos e 8% entre os amarelos, isso sem contar as variações regionais.[105] Por outro lado, enquanto o branco brasileiro médio tem menos de quatro anos de escolaridade, a expectativa para o restante da população é de dois anos.[106] Na verdade, a maioria dos brasileiros, não importando a raça, não chega ao ensino médio. Boa parte interrompe os estudos na quarta série ou antes, sendo que nesse item a população branca obtém em média duas vezes o nível de escolaridade dos não brancos. A respeito do saneamento básico destinado às classes populares, Rosenberg demonstrou que as populações negras são as mais preteridas no atendimento a essa infraestrutura urbana. São evidentes as consequências dessa distribuição desigual, acima de tudo no que concerne às taxas de mortalidade infantil causada por endemias e epidemias.

Mas é preciso tratar das informações que nos aproximam da privacidade. Segundo as estimativas da PNAD, levantamento anual conduzido pelo IBGE, o Brasil contava em 1988 com cerca de 141 milhões de habitantes. Destes, respondendo ao quesito "cor", 55,5% diziam-se brancos, 5,4% pretos, 38,6% pardos e apenas 0,5% amarelos.[107] Mesmo levando em conta os critérios pouco objetivos de identificação da cor, esses dados continuam sendo reveladores de um certo "clareamento" da população, se lembrarmos que, no século passado, no censo de 1890, os brancos somavam 44% da população total. Se tal fato pode ser explicado, em inícios do século, pelas fortes imigrações de origem europeia, que ocasionaram o embranquecimento da população,[108] o mesmo argumento não vale para as últimas décadas do século XX, quando a chegada de estrangeiros ao país deixou de constituir elemento relevante na sua evolução demográfica. Os dados apontam, na verdade, um crescimento endógeno, em que a dinâmica passa a ser administrada basicamente pelos regimes de mortalidade e de fecundidade e pelo padrão de casamento. É a combinação desses fatores da privacidade que determina atualmente a mudança na cor da população brasileira.

Com efeito, os componentes demográficos recentes parecem indicar uma consistente redução da população negra, um aumento correspondente do grupo pardo e uma lenta diminuição — eventualmente uma estabilidade em médio prazo — da população que se autoidentifica como branca.[109] Os dados reforçam, dessa maneira, a existência não de um branqueamento, mas antes de uma "pardização". No que diz respeito à mortalidade infantil, uma insofismável disparidade pode ser aferida: enquanto a taxa para crianças brancas era de 77 óbitos de menores de um ano para cada mil nascidos vivos, o número correspondente para os pardos era 105 e para os pretos 102.[110]

De forma semelhante, pretos e pardos apresentam taxas de mortalidade adulta maiores que a dos brancos. "Entre homens, a esperança de vida ao nascer, que era da ordem de

41,6 anos entre pretos e pardos e de 49,7 anos entre brancos no período de 1950-5, atinge o nível estimado de 64,1 para brancos e 57,7 para pretos e pardos em 1975-80."[111] O mesmo quadro praticamente se mantém para as mulheres: entre 1950 e 1955 a estimativa de 43,8 anos para as pretas e pardas e de 52,6 para as brancas, e entre 1975 e 1980 de 61 e 68 anos, respectivamente.[112] Percebe-se, portanto, uma evidente sobrevida dos brancos, que é da ordem de 6,4 anos entre os homens e de sete anos entre as mulheres.

Novos argumentos significativos podem ser desenvolvidos com base na reprodução. Estimativas indicam que entre os anos de 1980 e 1984 a redução mais intensa de fecundidade se dá entre mulheres pardas (uma queda da ordem de 22%). Com esse resultado aproxima-se a estimativa de pretas e pardas — 4,3 e 4,4 filhos, respectivamente — e reduz-se a diferença entre estas e as brancas, cujo número de filhos caiu de 2 para 1,4.[113] Mais uma vez, a desigualdade nas condições de vida determina a diminuição (em razão da mortalidade mais acentuada) do número de filhos dos grupos pretos e pardos.

Com relação aos padrões de matrimônio — incluindo aqui não só as uniões formais como também as consensuais —, novamente aparecem variações importantes. O grupo definido no censo como preto casa-se em geral mais tarde, com a idade média de 23,4 anos para as mulheres e 26,3 para os homens, enquanto o grupo pardo contrai matrimônio com a idade média de 22,5 anos para as mulheres e 25,4 para os homens. Um dado indicador das variações nos padrões de casamento é o celibato definitivo (grupo de pessoas que jamais chegou a casar-se) mais acentuado entre pretos homens — 7,8% — do que entre brancos e pardos: 5,2% e 5,5%. Esses números mostram que o casamento civil — uma das grandes inovações da República — é ainda um privilégio, sobretudo, dos brancos.

Por fim, apesar de apresentar um nível inferior ao observado em outras sociedades miscigenadas, a maior parte dos casamentos no Brasil é endogâmica, isto é, os cônjuges são do mesmo grupo de cor. No país da alardeada mistura racial o nível de endogamia chega a 79%, mas a proporção varia muito de grupo para grupo. A endogamia é maior entre brancos do que entre pretos e mais acentuada à medida que nos dirigimos para o Sul do país. Realmente, se a mestiçagem vem aumentando, como atesta o crescente contingente de pessoas que se definem como pardas, isso ocorre mais "à custa dos casamentos de mulheres brancas com homens pretos do que o contrário. Ou seja, o cruzamento tendente ao embranquecimento é mais acentuado por parte dos homens".[114] Assim, apenas 58,6% dos homens pretos estão casados com mulheres da mesma cor, ao passo que 67% das mulheres pretas têm cônjuge do mesmo grupo. Segundo a demógrafa Elza Berquó, na "disputa entre sexos" as mulheres brancas competem com vantagens no mercado matrimonial com as pardas e pretas.

Dessa forma, apesar de bem-intencionado, o corpo da lei parece não dar conta do lado dissimulado da discriminação brasileira, justificando-se assim medidas de afirmação positivas como as cotas ou o ensino de África nas escolas. Afinal, contrariando a noção da universalidade de direitos no país, a história pregressa parece ter se mostrado mais duradoura do que o modelo da mistura racial e da democracia procurou veicular. As populações preta e parda não só apresentam uma renda menor como têm menos acesso à educação, uma mortalidade mais acentuada, casam-se mais tarde e, preferencialmente, entre si.

Entretanto, mais recentemente a situação parece mostrar-se um pouco distinta. Sobretudo no que se refere ao antigo processo de branqueamento da população, conforme sugere o sociólogo Antonio Sérgio Guimarães. Segundo dados censitários de 2008, é possível notar como as pessoas ainda se definem pela cor da pele. No entanto, tomando os dados de maneira mais crítica e comparativa, o estudioso mostra como há sobretudo "uma renúncia da brancura por parte daqueles 'brancos' de cor mais escura".[115]

PROPORÇÃO DE PESSOAS DE 15 ANOS OU MAIS DE IDADE
POR DIMENSÕES PELAS QUAIS DEFINEM A PRÓPRIA COR OU RAÇA

| | |
|---|---|
| Cor de pele | 82,3 |
| Traços físicos | 57,7 |
| Origem familiar, antepassados | 47,6 |
| Cultura, tradição | 28,1 |
| Origem socioeconômica | 27,0 |
| Opção política/ideológica | 4,0 |
| Outros | 0,7 |

Fonte: IBGE 2008.

Tal mudança pode ser mais bem acompanhada a partir da tabela comparativa construída pelo pesquisador, a partir dos dados levantados pelo Datafolha em 1995 e 2008:

DECLARAÇÃO DE COR ESPONTÂNEA EM 1995 E 2008 (EM%)

| Qual é a sua cor | 1995 | 2008 |
|---|---|---|
| Branca | 50 | 32 |
| Moreno | 13 | 28 |
| Parda | 20 | 17 |
| Negro | 7 | 7 |
| Moreno claro | 2 | 5 |
| Preta | 1 | 4 |
| Amarela | 1 | 2 |
| Mulato | 1 | 1 |
| Clara | 0 | 1 |
| Outras | 1 | 3 |
| Não sabe | 4 | 1 |

Fonte: Antonio Sérgio Alfredo Guimarães, "Raça, cor da pele e etnia", *Cadernos de Campo*, São Paulo, 2011, n. 20, pp. 265-71.

É evidente, pois, a queda na autodefinição como fazendo parte da cor branca e o aumento da declaração como morena. É cedo para fazer prognósticos, mas ao que parece as coisas andam mudando. Já não é tão fácil declarar que no país vigora uma democracia racial, assim como, quem sabe, após dez anos de ações afirmativas, as representações em torno da cor branca não são mais tão vigorosas e simbolicamente operantes.

De toda maneira, esse tipo de negociação em torno da cor aponta para outras feições singulares desse sistema brasileiro de marcação de diferenças. No lugar das definições precisas, no país usa-se muito mais a cor do que conceitos como raça quando é preciso identificar a pessoa alheia ou a si próprio. Na verdade, cor no Brasil é quase um vocabulário interno, com espaço para muitas derivações sociais. Como determinar a cor se, aqui, não se fica para sempre negro, e se "embranquece" por dinheiro ou se "empretece" por queda social? Ainda mais: como falar de raça se as pessoas mudam a definição sobre si mesmas dependendo da circunstância, do momento e do contexto? Por aqui ninguém é "definitivamente" preto, ou sempre branco. Se, como diz o provérbio, "a ocasião faz o ladrão", no caso do nosso tema: "raça é coisa de momento ou de ambiente".

Fundação Estadual do Bem-Estar do Menor, São Paulo, 1996.

## CENSO E CONTRASSENSO: NOMES E CORES OU QUEM É QUEM NO BRASIL

*O teu cabelo não nega, mulata [...]*
*Mas como a cor não pega, mulata,*
*Mulata, eu quero o teu amor*
                Lamartine Babo e irmãos Valença

Faz parte de um certo modelo brasileiro negar e camuflar o conflito antes mesmo que ele se apresente de forma evidente. Em 1900, por exemplo, diante da constatação de que este era mesmo um país mestiço e negro, preferiu-se simplesmente retirar o quesito "cor" do censo demográfico. Dessa maneira, embora os censos tenham sido realizados no Brasil em 1872, 1890, 1900, 1920, 1940, 1950, 1970 e 1980, o item "cor" não foi utilizado pelo menos em três momentos: 1900, 1920 e 1970.[116]

Nos dois primeiros levantamentos, de 1872 e 1890, deu-se mais ênfase à obtenção de informações sobre pretos, brancos e mestiços; no de 1872, os grupos eram ainda diferenciados segundo a condição de escravos e livres.[117] Já o censo de 1950 distribuiu a população em quatro grupos segundo a cor: brancos, pretos, amarelos e pardos, designação sob a qual reuniu aqueles que se declararam índios, caboclos, mulatos ou morenos ou nem sequer declararam sua cor. Já em 1960 a pesquisa relativa à cor distinguiu cinco grupos: brancos, pretos, amarelos, índios e pardos, tendo divulgado, porém, as declarações que diziam respeito aos índios no grupo dos pardos. Por fim, em 1980, o IX Recenseamento Geral restringiu-se aos mesmos grupos do censo de 1950 e enquadrou no grupo dos pardos "os mulatos, os mestiços, os índios, os caboclos, os mamelucos, os cafuzos etc.".[118]

Esse breve resumo nos leva a algumas direções. Em primeiro lugar, o termo pardo surge como um verdadeiro saco de gatos, ou como a "sobra do censo". O nome mais se parece com um curinga: tudo o que não cabe em outros lugares encaixa-se aqui. Vale a pena repensar esse termo, que funciona como uma espécie de etc. Como ninguém se autodefine como pardo (pardo é sempre uma definição externa), esse conceito funciona tal qual uma opção do tipo: "nenhuma das anteriores". Ora, é importante questionar um sistema classificatório que, na impossibilidade de definir tudo, cria um novo termo para dar conta do que escapa da seleção. Mais ainda, se tecnicamente o termo se comporta como um quinto elemento — dentre as categorias oficiais há branco, negro, amarelo, vermelho e pardo —, na intimidade, ou no poderoso discurso do senso comum, pardo é moreno: essa cor que, como vimos, tem se destacado nos últimos censos. Pardo é, pois, um termo paradoxal e de difícil tradução. Na linguagem oficial representa uma incógnita, já na popular tem cor definida e é silencioso, à semelhança do racismo vigente em nosso país.

Mas os censos dizem mais. Falam de uma certa confusão nos termos que se expressa de maneiras diversas conforme a situação. Já durante o período escravocrata fazia-se uma distinção semântica entre dois termos aparentemente sinônimos entre si: *negro* era o escravo insubmisso e rebelde, *preto* era o cativo fiel. É isso que mostra a notícia que foi veiculada no jornal *Correio Paulistano* em 1886, que altera como os termos se correspondessem a realidades distintas: "Certo dia o *preto* João Congo, estando tranquilamente a trabalhar na fazenda de seu senhor, notou que dois *negros* fugidos se aproximavam e que logo foram dizendo: — 'Sai dessa vida, *preto velho*, ela não serve para ti'. Ao que o *preto leal* reagiu: — 'Eu é que não vou ficar andando de par a par tal qual *negro quilombola*'. Ao que os *negros* irados disseram: — 'Então, *preto covarde*, tu vais é morrer'".

O resultado da nossa indeterminação nas distinções raciais faz que o fenótipo, ou melhor, certos traços físicos como formato de rosto, tipo de cabelo e coloração de pele se transformem nas principais variáveis de discriminação. Oracy No-

Manifestação pública em São Paulo por ocasião dos cem anos da Abolição, maio de 1988.

gueira, em 1954, já arriscava uma explicação nesse terreno: teríamos um preconceito de marca — uma classificação quase imediata — por oposição ao preconceito de origem, mais próprio ao contexto norte-americano, no qual quem descende de uma família negra (a menos de três gerações), e a despeito da aparência, é sempre negro.[119] No Brasil, a mistura de definições baseadas na descrição da cor propriamente dita e na situação econômica e social teria gerado uma indeterminação, consolidada em 1976, depois que o IBGE fez sua Pesquisa Nacional por Amostra de Domicílio. De forma diversa à do censo, em que a cor é determinada pelo pesquisador, nesse caso os brasileiros se atribuíram 136 cores diferentes, reveladoras de uma verdadeira "aquarela do Brasil".

Como se pode notar, a pesquisa gerou uma quantidade razoável de reações, que variam entre a resposta positiva e direta, a visão negativa e mesmo alguma ironia. De toda maneira, elas permitem avançar uma série de considerações sobre "nossa coloração". Apesar de as categorias censitárias — branca, negra, indígena, amarela e parda — cobrirem cerca de 57% das respostas espontâneas da PNAD, o conjunto de nomes mostrou-se muito mais complexo do que o abrangente termo pardo. O resultado da enquete indica a riqueza da representação com relação à cor e o quanto a sua definição é problemática. Como qualquer classificação, essa listagem guarda seus próprios critérios e uma certa ordenação pouco explícita. Mas nada como arriscar algum tipo de organização.

"AQUARELA DO BRASIL"

1. Acastanhada
2. Agalegada
3. Alva
4. Alva-escura
5. Alvarenta
6. Alvarinta
7. Alva-rosada
8. Alvinha
9. Amarela
10. Amarelada
11. Amarela-queimada
12. Amarelosa
13. Amorenada
14. Avermelhada
15. Azul
16. Azul-marinho
17. Baiano
18. Bem branca
19. Bem clara
20. Bem morena
21. Branca
22. Branca-avermelhada
23. Branca-melada
24. Branca-morena
25. Branca-pálida
26. Branca-queimada
27. Branca-sardenta
28. Branca-suja
29. Branquiça
30. Branquinha
31. Bronze
32. Bronzeada
33. Bugrezinha-escura
34. Burro quando foge
35. Cabocla
36. Cabo-verde
37. Café
38. Café com leite
39. Canela
40. Canelada
41. Cardão
42. Castanha
43. Castanha clara
44. Castanha escura
45. Chocolate
46. Clara
47. Clarinha
48. Cobre
49. Corada
50. Cor de café
51. Cor de canela
52. Cor de cuia
53. Cor de leite
54. Cor de ouro
55. Cor-de-rosa
56. Cor-firma
57. Crioula
58. Encerada
59. Enxofrada
60. Esbranquecimento
61. Escura
62. Escurinha
63. Fogoió
64. Galega
65. Galegada
66. Jambo
67. Laranja
68. Lilás
69. Loira
70. Loira clara
71. Loura
72. Lourinha
73. Malaia
74. Marinheira
75. Marrom
76. Meio amarela
77. Meio branca
78. Meio morena
79. Meio preta
80. Melada
81. Mestiça
82. Miscigenação
83. Mista
84. Morena
85. Morena-bem-chegada
86. Morena-bronzeada
87. Morena-canelada
88. Morena-castanha
89. Morena clara
90. Morena cor de canela
91. Morena-jambo
92. Morenada
93. Morena escura
94. Morena-fechada
95. Morenão
96. Morena-parda
97. Morena-roxa
98. Morena-ruiva
99. Morena trigueira
100. Moreninha
101. Mulata
102. Mulatinha
103. Negra
104. Negrota
105. Pálida
106. Paraíba
107. Parda
108. Parda-clara
109. Parda-morena
110. Parda-preta
111. Polaca
112. Pouco clara
113. Pouco morena
114. Pretinha
115. Puxa para branca
116. Quase negra
117. Queimada
118. Queimada de praia
119. Queimada de sol
120. Regular
121. Retinta
122. Rosa
123. Rosada
124. Rosa-queimada
125. Roxa
126. Ruiva
127. Russo
128. Sapecada
129. Sarará
130. Saraúba
131. Tostada
132. Trigo
133. Trigueira
134. Turva
135. Verde
136. Vermelha

Em primeiro lugar, a maior parte dos termos procura descrever a cor da forma mais precisa possível. "Amarela, verde, azul e azul-marinho, branca, bem branca ou branca-suja, café ou café com leite, chocolate, laranja, lilás, encerada, marrom, rosa e vermelha" são definições que buscam reproduzir quase didaticamente a coloração, numa clara demonstração de que no Brasil raça é mesmo uma questão de marca; marca física.[120]

Esse uso e a relação entre as cores não parece acidental. Como bem mostrou o antropólogo inglês Victor Turner, há elementos essenciais a serem retirados a partir de uma releitura das cores. Diz ele que entre os símbolos primordiais produzidos pelo homem estão as três cores — o preto, o vermelho e o branco —, que representam produtos do corpo humano cuja emissão ou produção está associada com o incremento da emoção. Segundo ele ainda, a essas experiências corporais corresponde uma percepção de poder ou ao menos uma classificação de rótulo cromático. Por isso, afirma o antropólogo, as cores representam experiências físicas intensificadas e proporcionam classificações primordiais da realidade.[121]

Para o autor, as cores são antes de mais nada sínteses e condensações, e o mesmo se pode dizer a partir do caso brasileiro. Cores por aqui representam uma forma de linguagem privilegiada, que repercute cultural, econômica e socialmente. Definir a cor do outro ou a sua é mais do que um gesto aleatório; o ato vincula outros marcadores fundamentais para a conformação e o jogo de identidades. Em entrevista recente com um dentista negro, feita numa cidade do interior de Minas Gerais, recebi uma resposta das mais significativas. Disse ele: "Quando eu era negro minha vida era muito difícil". Ocorre que esse profissional havia envelhecido, subira na carreira como dentista, seu cabelo havia ficado branco, ele entrou para uma espécie de Rotary Club local e àquela altura fumava cachimbos. Sua resposta, porém, nada tem de ingênua ou de risível. Ela resume uma experiência social brasileira, sofrida por sinal, em que, durante muito tempo, foi bem melhor embranquecer; a mudança de cor como que resumia uma experiência de ascensão social.

Mas a PNAD permite pensar mais. Pouco se fala, por exemplo, de *origem*: nenhum dos termos remete à África e, a não ser no caso de "polaca" e "baiano" (que de fato não são referências muito precisas e se comportam quase como qualificações), a ascendência não é sequer mencionada. Como se vê, pelo menos até esse momento, registros a locais de nascimento, como é uma constante no modelo classificatório norte-americano, parecem fora da lógica primeira de identificação.

Chamam atenção também os nomes no diminutivo e no aumentativo: *"branquinha, bugrezinha-escura, loirinha* e *morenão".* Nesse caso, a delimitação revela um certo jogo da intimidade e, por outro lado, no que se refere aos negros, a reprodução de estereótipos com relação à sexualidade: o diminutivo para as mulheres, o aumentativo para os homens. Nesse caso, marcadores de gênero misturam-se a marcadores de raça e cor, mostrando como os termos oscilam dependendo do sexo.

Outros termos demonstram ainda uma grande proximidade entre os atributos raciais e os fisionômicos. A cor do cabelo, por exemplo, passa a definir o entrevistado quando termos como *castanha*, ou *loira, loira clara* ou *loura* sintetizam a condição.

Uma nova série de denominações — "miscigenação, esbranquecimento, mista" — aponta de que maneira a imagem de uma nação mestiça e branqueada foi se tornando um grande senso comum. Além disso, a quantidade de variações em torno do termo *branca* ("branca, branca-avermelhada, branca-melada, branca-morena, branca-pálida, branca-queimada, branca-sardenta, branca-suja, branquiça, branquinha") demonstra de forma definitiva que, mais do que uma cor, essa é quase uma aspiração social, um símbolo de inserção social.

Não há como esquecer, por fim, os nomes que usam a raça como uma situação passageira, quase uma circunstância. "Queimada de praia, queimada de sol, tostada..." são definições que sinalizam como no Brasil, muitas vezes, não se *é* alguma coisa, mas se *está*. Ou seja, por aqui a aspiração geral é de que raça não é situação definitiva; por isso o termo cor (mais fluido em seu uso) se generaliza.

Sem a pretensão de ter analisado a totalidade de "combinatórias" que a lista pode oferecer, o que se quer evidenciar é o seu caráter descritivo, que, mais do que fornecer uma solução — já que a partir dela o IBGE voltou a optar pelo velho termo pardo, a despeito de mais recentemente vir selecionando "moreno" como classificação —, indica uma ambiguidade.[122] Essa miríade de nomes, as diferentes denominações fenotípicas e/ou sociais presentes nos diversos nomes, revelam um "cálculo racial brasileiro". O dado mais notável não é a multiplicidade de termos, mas a subjetividade e a dependência contextual de sua aplicação.[123] A identificação racial é quase uma questão relacional no Brasil: varia de indivíduo para indivíduo, depende do lugar, do tempo e do próprio observador. Quanto mais claro aquele que pergunta, mais "escura" pode ser a resposta, e vice-versa. O mesmo entrevistado alterará sua formulação tendo em mente a pessoa — a cor e a posição social e cultural — que faz a questão. As definições são volúveis, assim como a subjetividade das situações. Como diz Caetano Veloso sobre si mesmo e em relação a outros: "Gil é um mulato escuro o suficiente para mesmo na Bahia ser chamado de preto. Eu sou um mulato claro o suficiente para mesmo em São Paulo ser chamado de branco. Meus olhos são, sem embargo, muito mais escuros do que os dele".[124]

Estamos falando de um certo "uso social" da cor, que não só leva a terminologia a se mostrar subjetiva como torna seu uso — em conversas, em documentos oficiais (como a certidão de nascimento e a de óbito) ou na vida privada — objeto de disputa. Com uma forte preferência pelo branco ou por tudo o que "puxa para o mais claro", joga-se o preto para o ponto mais baixo da escala social: "Os negros que não querem se definir como 'negros' e têm uma condição um pouco melhor tendem a se autodefinir como 'escuros' ou, mais ainda, como 'pardos' ou 'morenos'. Algo parecido acontece com os mestiços: aqueles com uma condição melhor na rua tendem mais a se autodefinir como brancos. Nesse sentido o termo pardo forma uma categoria-resto que contém os mais escuros 'sem jeito' — aqueles negros com renda, escolaridade, e status baixos demais para se aventurarem no jogo dos códigos de cor e do status [...] ".[125] Nesse "status racial", pardo não é preto nem branco, já que na prática se aproxima, na representação popular, dos negros. Estamos, portanto, diante de uma categoria interna, oficializada pelo costume e dificilmente compreensível para aqueles que conhecem o país apenas de passagem.

Esse tipo de cálculo da identidade racial, é claro, não nasce no Brasil no nosso século, tampouco nos últimos anos. Já em finais do século XIX apostava-se no branqueamento da nação de forma científica ou apelando-se para a Providência Divina. É o que anunciava uma notícia de 1887, no jornal *Correio Paulistano*, que com o sugestivo título "Milagre" documentava a "cura" de um escravo "que branqueava-se a olhos vistos". Na verdade, o cativo apresentava manchas claras pelo corpo — talvez sinais de uma doença de pele hoje em dia conhecida como vitiligo. No entanto, mal de uns, promessa e redenção para outros, no Brasil a moléstia convertia-se em esperança de branqueamento. Uma certa negociação em torno da raça também pode ser atestada com base no relato do viajante Saint-Hilaire, que narra como em determinado dia teria visto um mulato claro junto a uma tropa de burros. O próprio viajante se mostrara espantado ao ser informado de que aquele era o dono dos animais. De pronto redarguiu: "Então ele não é mais mulato!!!".[126] Também o inglês Henry Koster, que esteve no Brasil na época de d. João, nos idos de 1809, comenta sua surpresa ao encontrar pela primeira vez um soldado negro. Mais uma vez, a resposta que recebeu é reveladora: na opinião das testemunhas, não se tratava de um negro, e sim de um oficial.[127] Esses exemplos, apesar de afastados uns dos outros no tempo, não parecem tão distantes quando comparados a casos recentes. Uma docente universitária estranhou quando o pesquisador do censo de 1980 anotou como branca a sua raça. Quando reclamou, alegando que sua cor estava mais para o negro ou pardo, ouviu a seguinte resposta do profissional: "Mas a senhora não é professora da USP?".

"Raça social" é a expressão encontrada por Valle e Silva para explicar esse uso travesso da cor e para entender o "efeito branqueamento" existente no Brasil.[128] Isto é, as discrepâncias entre cor atribuída e cor autopercebida estariam relacionadas com a própria situação socioeconômica e cultural dos indivíduos. Enriquecer, ter educação superior, frequentar locais sociais de um estrato mais alto, destacar-se nos esportes ou na educação, tudo leva a um certo embranquecimento. No país dos tons e dos critérios fluidos a cor é quase um critério de denominação, variando de acordo com o local, a hora e a circunstância. É isso também que faz que "a linha de cor" no Brasil seja, no limite, um atributo da intimidade e do fugidio, na qual se distingue "raça oficial" de "raça social". É pelo mesmo motivo, ainda, que os dados estatísticos provenientes do censo, no que se refere à raça, sejam quase irreais ou dificilmente interpretados. Dessa maneira é que pode ser entendida a campanha encabeçada pelo Ibase (Instituto Brasileiro de Análise Social e Econômica) que veiculou na mídia, em 1991 — e em razão da "inflação branca" do censo —, a seguinte mensagem: "Não deixe sua cor passar em branco: responda com bom 'censo'".

## PARA TERMINAR: "A DESCENDÊNCIA DA FALTA, OU LEVANDO A SÉRIO O MITO"

O moreno veio da descendência da falta. Quando, no terminá do século passado, que veio esse século nosso que tamo convivendo, então, aí não existia, assim, lagoas. Quando achava, era uma pocinha aqui, outra ali. Então, nessa época, aqueles que chegava na frente e pegava aquela fartura de água, que dava o banho, lavavam. Então, aqueles, aqueles, aqueles, ficaro bem claro. E foi ficando, foi afracassando, foi afracassando, mas aquela aguinha sempre ficava aquele tantim. Então, diz que o moreno, moreno mesmo, ficô moreno pela falta de água. Então, aquele pouco que tinha é o que passava. Então aqueles que como tinha bastante faltura, então ficaro tudo claro. Ficô branco, ficô alemão, ficô italiano, ficô gringo, ficô quase tudo que é diversão de gente, né? Então aqueles que se proximaro mais. E nós fiquemos preto porque cheguemo atrasado. Então, aonde nós tema mais uma parte de moreno, por essa parte aí [...] eu sô moreno. Sô moreno. Tem uns filho bem moreno, cabelo bem crespinho. Minha filha é uma índia, uma bugra. O cabelo dela é uma prumionha. Já têm otros que é bem claro, têm uns cabelo duro. O meu avô era branco. A minha sogra era preta. Preta do cabelo duro igual essa minha esposa aí. A falecida minha esposa tinha um cabelo em meia costa. Era bem clara. A mãe era morena. O meu avô era gringo casado com uma bugra, daquela do brinquim na orelha, bem pretinha. Então aí fica, diversas cores.[129]

Seu Antônio Francisco, chefe dos moçambiqueiros na comunidade de Aguapé, município que fica a 150 quilômetros de Porto Alegre,[130] conta sua história, sem saber que, de alguma maneira, recontava *Macunaíma*. No entanto, o eixo pelo qual ele reconstrói a narrativa é outro; no caso, trata-se de pensar na "fartura": quem tem muito é branco, quem tem pouco é preto. Na verdade, é difícil e inútil descobrir "quem conta quem, ou como conta o quê". Mais interessa pensar como essa tentativa contínua de descrever e entender a cor faz parte de um léxico local que, na impossibilidade de explicar a especificidade da convivência racial no Brasil, segue produzindo versões. O branqueamento, como modelo, foi uma espécie de descoberta local (ao menos como teoria oficial, amparada pelo Estado no início do século XX), da mesma forma que, no Brasil, a raça se apresenta como uma situação passageira e volúvel, em que se pode empretecer ou embranquecer. "Branca de Neve" não é, por certo, uma história nacional (assim como o branco sempre simbolizou a paz, por oposição ao negro, a cor do mal), mas foi aqui que a coloração virou distinção, e as meninas negras são sistematicamente impedidas de assumir o papel principal, assim como nas populares telenovelas brasileiras.[131]

Mesmo levando em conta os novos nichos que têm se constituído mais recentemente, identificados pela cor negra e por uma certa elevação econômica e social, percebe-se como, ao mesmo tempo que se criam valores (os quais revelam um movimento novo de busca da autoestima e de recuperação das contribuições do grupo), reproduzem-se modelos ou naturalizam-se traços culturais. Na revista *Raça Brasil: A Revista dos Negros Brasileiros*, exemplo da descoberta desses novos comportamentos, permanecem por vezes intocados padrões brancos de sociabilidade. Publicada pela primeira vez em setembro de 1996, *Raça Brasil* trazia já em seu título o suposto de que, no Brasil, raça é a negra. O título da publicação pode ser comparado ao eufemismo tão próprio de nossa sociedade que, a fim de evitar as designações *preto*, *negro* e mesmo *mulato*, usa a expressão "homens de cor", como se branco não fosse cor e raça fosse sempre a negra. Também a capa evidencia a procura de um perfil: na maioria dos números aparecem casais, em boa parte identificados como modelos de agências famosas ou como astros de TV. O próprio texto de abertura do primeiro número da revista reforça uma série de estereótipos ao definir "a cara da nossa raça: *black*, colorida, com balanço e ginga, bem brasileiros"; ou ao defender — no número 8 — que "ser negro é ser alegre por natureza". Por outro lado, em algumas seções ("Gente" ou "Negro gato/a", por exemplo) a insistência recai em personalidades negras, como Carlinhos Brown, Sandra de Sá, Marcelinho Carioca, Pelé, Celso Pitta e Vicentinho, que no limite representam nomes de sucesso, reconhecidos publicamente.

Assim, se a criação de uma revista como essa pode ser encarada como uma prova da afirmação da diferença e de uma alteração de postura, demonstra também, com suas cores, nomes e temas, que raça é de fato um tema local e particular. O mesmo pode ser dito de cidades como Salvador, por exemplo, onde o passado africano tem sido elevado mais evidentemente como marca de identidade. Isso sem esquecer o impacto das novas leis, que vêm introduzindo novas ementas nos currículos e reescrevendo o passado, ou das políticas de cotas sociais e raciais na educação e no trabalho. No entanto, longe de se constituir como um caso isolado, "a raça está por toda parte": nas piadas que inundam o cotidiano, nas expressões do dia a dia, na propaganda de turismo e na discriminação no mundo do trabalho, na esfera social e da intimidade. É particular, pois a discriminação pouco aparece nos discursos oficiais. É específica, porque se afirma no privado, talvez como categoria nativa, neutralizada pelo costume. Quase como uma etiqueta, uma regra implícita de convivência, no Brasil cor combina com prestígio e com lugar social, e apesar de silenciosa é eloquente em sua aplicação.

No entanto, parece insuficiente ficar alardeando um preconceito retroativo — como mostrou Florestan Fernandes — ou delatando a existência de um "racismo cordial". Demonstrar — mais uma vez — as falácias do mito da democracia racial (que é de fato um mito) talvez seja menos importante do que refletir sobre sua eficácia e permanência, para além de seu descrédito teórico, que data de finais dos anos 1950.

Os censos brasileiros vêm sistematicamente
derrubando a tese que alia inclusão cultural
com social. Na verdade, convivemos com
os dois processos: inclusão e exclusão. Os dados
numéricos mostram processos longínquos
de discriminação no trabalho, no lazer, na saúde,
no nascimento e na morte, e na educação.

Quem sabe esteja na hora de "levar a sério" o mito, o que implica evitar associá-lo à noção de ideologia — de falsa ideologia — ou compreendê-lo apenas como um mascaramento intencional da realidade. Em vez de insistir nas "mentiras" que o mito da democracia racial contém, naquilo que esconde, pensemos um pouco no que ele afirma, nas recorrências que parecem não fruto do acaso, mas resultado de um excesso de significação: afinal, mesmo desvendando suas falácias, o mito permanece oportuno. Apesar de destruída a suposta imagem da tolerância portuguesa e de seu desejo de miscigenação, uma certa mistura cultural distintiva permanece digna de ser destacada, como motivo de identidade.

"Penso que a confusão racial brasileira revela uma miscigenação profunda [...]", diz Caetano Veloso,[132] opondo-se àqueles que se limitam a indicar a existência de um racismo hipócrita porque escondido e, portanto, mais nocivo que o americano. Na verdade, desconstruído o conceito biológico de raça, verificadas as suas implicações, a problemática se mantém, como se existisse um certo bloqueio na sua explicitação. Se a resposta com certeza não se reduz à afirmação de uma harmonia, talvez seja melhor pensar não no que o mito esconde, mas no que afirma: de que maneira diz respeito à realidade. Quem sabe, no Brasil, parafraseando o antropólogo norte-americano Marshall Sahlins, o mito tenha virado história e a história realidade, ou melhor, quem sabe a história não passe de uma metáfora.[133] A oportunidade do mito se mantém, para além de sua desconstrução racional, o que faz com que no Brasil, mesmo aceitando-se o preconceito, a ideia de harmonia racial se imponha aos dados e à própria consciência da discriminação.

"Somos racistas, mas nosso racismo é melhor, porque mais brando que os outros", eis uma das novas versões de um mito que não para de crescer entre nós. Difícil de flagrar, a discriminação no Brasil combina inclusão com exclusão social. Na música, nos esportes, no corpo da lei, somos um país que sem dúvida inclui, e não divide, a partir de critérios raciais. No entanto, se formos aos dados de lazer, trabalho, nascimento, a realidade é outra. Basta entrar nos clubes privados, nos teatros da elite, nos restaurantes luxuosos para perceber a coloração mais branca da população nacional local. Não há estrangeiro que não note, a despeito do efeito de "naturalização" que sofrem os locais.

É possível dizer que algumas coisas mudaram: não é mais tão fácil sustentar publicamente a igualdade de oportunidades em vista da grande quantidade de dados que comprovam o contrário. Talvez hoje em dia seja até mais fácil criticar o mito da democracia racial do que enfrentar a sua manutenção. O fato é que mudamos de patamar e não mudamos: o lugar-comum parece ser delatar o racismo (que precisa, de fato, ser delatado), mas o ato se extingue por si só.

Reconhecer a existência do racismo, porém, não leva à sua compreensão, tampouco à percepção de sua especificidade. Apesar de a mestiçagem não ser um "atributo" exclusivo e inventado no Brasil,[134] — e basta lembrar dos casos mexicano e colombiano, para ficarmos com os mais óbvios —, foi aqui que o mito da convivência racial harmoniosa ganhou sofisticação e penetração ímpares, o que lhe assegurou um lugar de modelo oficial. Foi também no Brasil que a cor virou o "somatório" de muitos elementos físicos, sociais e culturais, e parece variar conforme o dia (pode-se estar mais ou menos bronzeado), a posição de quem pergunta e o lugar de onde se fala (dos locais públicos à intimidade do lar).

Significativo, nesse sentido, é o jogo que ocorre na favela de Heliópolis, sempre no final do ano, na época do Natal. Chamado de "Preto x Brancos", a pelada opõe formalmente, e como diz o nome, onze jogadores pretos contra onze jogadores brancos. No entanto, no dia a dia as regras são outras, com os contendores trocando de time como se trocassem de meias. Entrevistando uma série deles, não raro se ouvem expressões do tipo: "esse ano me sinto mais branco"; "eu mudei pois nesse ano estou diferente". Não raro, também, essas explicações se referem a mudanças sociais ou culturais. Usam-se, igualmente, apelidos — vinculados à cor externa — como tickets de entrada no time dos brancos. Alemão, por exemplo, ganhou essa alcunha por conta de sua pele levemente mais clara. Mas o termo se colou à realidade, e hoje ele praticamente acredita ser alemão. O fato é que todos alternam entre os times, menos o juiz (que por definição "não tem cor") ou aqueles impedidos por uma flagrante exceção. Isto é, segundo o costume local, se o cabelo balançar não se pode jogar pelos pretos. Como se vê, aqui se misturam cor de pele, costume e cabelos como num laboratório nacional, ou ao menos representativo da região Sul do país. Interessante é notar como, paralelamente à sociedade, também o jogo vem mudando. Se antes a gozação racial fazia parte da linguagem ritual da partida — com os "brancos" chamando os "negros" de macacos, e os "negros" brincando com a pouca destreza dos "brancos" —, o que se percebe mais recentemente é uma certa tensão. Já não se brinca mais impunemente, e os "brancos" vêm ficando danados com as sucessivas vitórias dos "negros". Enfim, mencionar a presença continuada do mito não implica pensar que nada muda. Como bem mostra Lévi-Strauss, o mito comporta transformação e mudança, e parece que estamos fazendo frente a esse fenômeno. O mito se altera sem se extenuar.[135]

Insistir no mito significa, portanto, recuperar uma certa forma de sociabilidade inscrita em nossa história que, já presente na escravidão, sobreviveu alterada no clientelismo rural e resistiu à urbanização, em que o princípio de classificação hierárquica se manteve, sustentado por relações íntimas e laços pessoais. Herdeiros de uma determinada tradição, segundo a qual a iniciativa de colonização teria sido sempre entregue a particulares, residiria aí a singularidade da colonização ibérica, marcada pelos fortes vínculos pessoais, que tornam fluidas as delimitações entre esferas públicas e privadas de atuação.

Nesse sentido, no Brasil, "privado" não seria uma categoria imediatamente contraposta a "público", ao menos no sentido tradicional do termo. Em face de uma concepção frágil do Estado e de um uso débil das instituições públicas, a esfera privada parece referir-se à família extensa e não ao indivíduo, que permanece distante das leis.[136]

Não foram poucos os pensadores que atentaram para essa questão. Sérgio Buarque de Holanda, em 1936, chamava a atenção para um traço definido da cultura brasileira, conhecido por meio da expressão de Ribeiro Couto, o qual afirmava que daríamos ao mundo "o homem cordial". No entanto, para Holanda cordialidade não significava "boas maneiras e civilidade". Na civilidade, dizia ele, "há qualquer coisa de coercitivo [...] é justamente o contrário de polidez. Ela pode iludir na aparência".[137] Na verdade, o famoso historiador estava mais interessado em entender como cordialidade vinha do "coração", ou melhor, falava das relações pautadas na intimidade e na afetividade e que, portanto, desconheciam o formalismo. Tal qual uma ética de fundo emotivo, no Brasil imperaria "o culto sem obrigação e sem rigor, intimista e familiar".[138]

*Raízes do Brasil* trazia, assim, um alerta ao apego irrestrito aos "valores da personalidade" numa terra onde o liberalismo impessoal teria se caracterizado apenas como um "mal-entendido".[139] Estava em questão, dessa maneira, a possível — e desejável — emergência de instâncias de representação que se sobrepusessem às persistentes estruturas intimistas. É nesse sentido que se podem traçar paralelos, por exemplo, com a expressão "dialética da malandragem", elaborada em ensaio clássico de Antonio Candido.[140] Por meio da figura do bufão, que aparece com alguma regularidade na literatura brasileira, e tendo como base o romance *Memórias de um sargento de milícias*, de Manuel Antônio de Almeida, Candido alcança uma estrutura específica, uma certa dialética da ordem e da desordem em que tudo seria lícito e ilícito, burlesco e sério, verdadeiro e falso. Nesse local, a intimidade seria a moeda principal e o malandro reinaria, senhor dessa estrutura avessa ao formalismo que leva à "vasta acomodação geral que dissolve os extremos, tira o significado da lei e da ordem, manifesta a penetração dos grupos, das ideias e das atitudes mais díspares [...]".[141]

Também Roberto Da Matta retomou essa complicada relação entre esferas públicas e privadas de poder, mostrando a existência no Brasil de uma sociedade dual, em que conviveriam duas formas de conceber o mundo. Um mundo de "indivíduos" sujeitos à lei e outro de "pessoas", para as quais os códigos seriam apenas formulações distantes e destituídas de sentido.[142]

Ora, raça no Brasil sempre foi um tema discutido "entre pessoas" e fora do estatuto da lei: uma questão privada, mas que interfere, amplamente, na ordem pública. Nessa sociedade marcada pela desigualdade e pelos privilégios, "a raça" fez e faz parte de uma agenda nacional pautada por duas atitudes paralelas e simétricas: a exclusão social e a assimilação cultural. Apesar de grande parte da população permanecer alijada da cidadania, a convivência racial é, paradoxalmente, inflacionada sob o signo da cultura e cada vez mais reconhecida como um ícone nacional.

Não é por mera coincidência que os livros do escritor Jorge Amado, muitas vezes castigados pela crítica, tenham no exterior e mesmo no Brasil — onde o autor sempre chega ao topo da lista dos mais vendidos — uma receptividade tão grande: seu universo literário é povoado por malandros, pais de santo, capoeiras e mulatos. É esse o mundo que Pierre Verger retratou, unindo pela fotografia África e Brasil. Isso sem esquecer a arte de mestre Didi, que traduziu o sincretismo em suas esculturas, ou de tantos artistas, mais ou menos conhecidos, que todo dia recriam a mistura de culturas em seus objetos. Talvez tenha sido Darcy Ribeiro o "último apóstolo da mestiçagem", procurada em seu livro *O povo brasileiro* desde os tempos da colonização: o Brasil aparece como uma "nova Roma", e os brasileiros como um "povo germinal". Menos do que acatar a fórmula, interessa entender como é esse o tipo de discurso que encontra acolhida do público nacional e estrangeiro.

É ainda forte e corre de forma paralela, portanto, a interpretação culturalista dos anos 1930, que transformou a miscigenação em nosso símbolo maior. No entanto, se a mistura de grupos e culturas foi, nos termos de Gilberto Freyre, sinal de amolecimento, significou também o enriquecimento do sistema de dominação, que passa a ser reproduzido no âmbito da intimidade.[143] Nesse sentido, é na história que encontramos as respostas para a especificidade do racismo brasileiro, que já não se esconde mais na imagem indelével da democracia racial, mas mantém a incógnita de sua originalidade e de sua reiteração constante. Se o mito deixou de ser oficial, está internalizado. Perdeu seu estatuto científico, porém ganhou o senso comum — essa representação, que como bem mostra Clifford Geertz, se comporta como uma poderosa teoria do dia a dia[144] — e o cotidiano.

Parece que nos encontramos na encruzilhada deixada por duas interpretações. Entre Gilberto Freyre, que construiu o mito, e Florestan Fernandes, que o desconstruiu, oscilamos bem no meio das duas representações, igualmente verdadeiras. No Brasil convivem sim duas realidades diversas: de um lado, a descoberta de um país profundamente mestiçado em suas crenças e costumes; de outro, o local de um racismo invisível e de uma hierarquia arraigada na intimidade. Afinal, o que dizer de um país onde aproximadamente 50%[*] da população negra tem uma renda inferior a dois salários mínimos? No Censo de 2010, pode-se notar como o salário mínimo subiu, e a renda com ele, mas mais

---

[*] Dados extraídos do endereço <ftp://ftp.ibge.gov.br/Censos/Censo_Demografico_2010/Resultados_do_Universo/Resultados_preliminares_sobre_Rendimentos/tabelas_pdf/tab1_3_6.pdf>. Ver tabela completa nas pp. 130-1.

de 50% da população negra em idade para trabalhar ganha menos de dois mínimos. Como entender a democracia racial em uma nação onde, até o final da década do século XX, e mesmo entrando no século XXI, só 15% da população negra chega à universidade?

É nesse país também que notícias de crimes como o que aconteceu no Bar Bodega passam sem fazer grande alarde. A referência é a uma chacina ocorrida em 10 de agosto de 1996, num dos muitos "botecos" de classe média da cidade de São Paulo. Os culpados logo foram encontrados — em mais um ato de "extrema competência da polícia brasileira" — e (por acaso) eram todos pretos. Mais estranheza do que o fato em si causaram seus desenlaces. Cerca de dez dias depois a polícia libertou os (agora) ex-suspeitos e apresentou os novos: todos brancos. No entanto, se o evento chocou pouco dentro do cotidiano violento do país, mais impressionante foi a pouca repercussão: a imprensa a princípio mal comentou o caso e raros órgãos reclamaram. Afinal é esse tipo de postura que explica os dados de criminalidade que apontam que, sujeitos às mesmas penalidades, os negros têm 80% de chance a mais do que os brancos de serem incriminados.[145] É como se persistisse um certo pacto histórico: não se nomeiam publicamente as diferenças, e assim os constrangimentos são sempre privados.

Não obstante, é esse mesmo país que interrompe o seu cotidiano para assistir ao Carnaval de fevereiro, em que grandes políticos decidem seu futuro de acordo com os conselhos de seus orixás, que exporta a capoeira, o samba e até o candomblé, e onde a Igreja católica dialoga com outros santos para poder sobreviver. O fato é que, no Brasil, "raça" é conjuntamente um problema e uma projeção. É ainda preciso repensar os impasses dessa construção contínua de identidades nacionais que, se não se resumem à fácil equação da democracia racial, também não podem ser jogadas na vala comum das uniformidades.

Resta entender a convivência. Não por acaso, sobretudo no exterior, o país é representado como aquele que se caracteriza pela mestiçagem, mas também pelas favelas, pelas drogas e pela grande violência. Dois lados de uma mesma moeda, o exótico e o descontrole da violência, parecem diagnosticar como que duas faces de Jano. Se a mestiçagem cria uma cultura exótica e para exportação — caracterizada por mulatas e malandros, capoeira, futebol e samba —, já a violência localizada nas favelas, onde impera a cor marrom e negra, retornaria como o lado oposto, mas igualmente real, do espelho. Vemos, pois, como, até mesmo na imagem externa do país, impera a ideia de inclusão com exclusão, democracia combinada com violência.

Não basta, portanto, resumir a questão da mestiçagem e a temática racial a um problema econômico. Limitá-la, porém, exclusivamente a uma explicação cultural significa essencializá-la e tirar da cultura a sua história. O melhor é misturar esses marcadores todos. Afinal, no Brasil, subsiste um certo discurso da identidade que se afirma para fora e para dentro com base na ideia da mistura: mistura de credos, de religiões, de cores, de costumes e de raças. Mas este é igualmente o país do racismo internalizado do ritual "Você sabe com quem está falando?", tão bem analisado pelo antropólogo Roberto Da Matta, no qual se repõem em uma só questão as hierarquias que aqui parecem prescindir da lei para se afirmar.[146] Diferentemente do ritual norte-americano — cuja expressão paralela seria *"Who do you think you are?"* [Quem você pensa que é?] —, que devolve a questão àquele que a formulou, por aqui tratamos de, diante de situações de conflito, reafirmar diferenças sociais, culturais e também raciais.

Portanto, entre os dois polos, fiquemos com ambos. Como dizia o jesuíta Antonil no século XVI, "o Brasil é o inferno dos negros, o purgatório dos brancos e o paraíso dos mulatos", ou, como na música de Caetano e Gil, um país de "quase brancos, quase pretos", mas "o Haiti é [mesmo] aqui".

Ia terminando este texto quando me lembrei da imensa penetração dos provérbios. Em geral eles se impõem pela força do uso, mesmo que se desconheça seu sentido original. E logo me veio à cabeça um conhecido dito: "De noite todos os gatos são pardos!". Difícil de explicar, a sentença ganha logo sentido se a inserirmos num contexto, no contexto deste texto. "À noite, todos parecem pretos" parece ser uma boa tradução. Em países sem o histórico da escravidão — como na Espanha, onde também vigora o mesmo provérbio —, o sentido poderia ser outro, quem sabe, "à noite todos são igualados pela escuridão". Já no Brasil, onde, como vimos, a cor negra vem sempre repleta de significados simbólicos, a sentença ganha outra compreensão. Quem sabe "à noite todos são perigosos", até porque sabemos que, no Brasil, pardo — nosso curinga classificatório — é na verdade sinônimo de negro ou mulato. Minha suspeita ganhou ares de certeza quando ouvi na Flip (Festa Literária de Paraty) uma palestra de Ferréz, romancista da periferia de São Paulo, que se saiu com a seguinte expressão: "De noite, na favela, até japonês é pardo!". Se juntarmos dois mais dois veremos que, contextualizado, o provérbio ganha novas conotações. Quando escurece, diante da polícia qualquer um é negro, e consequentemente suspeito. Não há por que desempatar essa parada, ou concluir por uma só interpretação. Afinal, como a linguagem é viva, estamos sempre a conferir a ela novos significados. No entanto, como só entendemos esse tipo de mensagem quando comparada a outras, nunca isoladamente, logo me veio mais um dito popular: "Eles que são brancos que se entendam!".[147] Dessa vez, penso que a frase faz muito sentido entre nós, ou entre países marcados pela dominação e supremacia brancas. Ora, diante de tantos problemas, quando a questão se limita aos brancos... eles é que se resolvam. Há de ser mais fácil...

Impressionante a força das cores em nossas expressões, e como elas fazem às vezes de dublês das raças. Dito de outra maneira, no Brasil, para o bem e para o mal, a mestiçagem *é* destino. Marca de identidade ou da falta dela, ela sempre deu muito o que falar (e pensar). Nas palavras de Custódio Mesquita e Joacy Camargo em um samba de 1944 chamado "Mulata brasileira":

> *Eram três os continentes*
> *E três raças diferentes*
> *A sonhar a noite inteira*
> *O silêncio era profundo*
> *Quando veio ao Novo Mundo...*

## NOTAS

1. O livro foi editado originalmente pela editora Francisco Alves, e sua autoria é atribuída à polêmica madame Chrysanthème — Cecília Bandeira de Mello Rebelo de Vasconcelos. Estranha displicência essa que fez a publicação inglesa da Sheldon Press creditar a obra a uma escritora de nome Crisântemo. *The Black Princess and Other Fairy Tales from Brazil* foi escrito por Chrysanthème (que na edição inglesa aparece com o nome de Christie T. YOUNG), e ilustrado por Julião Machado. Agradeço a Donald Ramos pelo envio do material e sugiro a leitura da tese de M. de Lourdes ELEUTÉRIO, "Esfinges e heroínas", para um perfil da escritora.
2. C. T. YOUNG, *The Black Princess*, pp. 149-60.
3. Para uma análise do motivo edênico na literatura sobre o Brasil, ver S. B. de HOLANDA, *Visão do Paraíso: Os motivos edênicos no descobrimento e colonização do Brasil*, e A. CANDIDO, *Formação da literatura brasileira*.
4. "Introdução a Pero Magalhães de Gândavo", em P. M. de GÂNDAVO, *Tratado da terra & História do Brasil*, org. de L. D. Silva.
5. P. M. de GÂNDAVO, op. cit., p. 3.
6. Idem, ibidem, p. 20.
7. Idem, ibidem, p. 24.
8. Idem, ibidem.
9. Idem, ibidem, p. 27.
10. Idem, ibidem, pp. 28-9.
11. MONTAIGNE, "Os canibais", *Os pensadores*, pp. 101-6.
12. Segundo Ferdinand Denis, essa não foi a única vez que "os brasileiros" participaram de festas oficiais. O autor lembra da entrada de Carlos IX na vila de Troyes, em 23 de março de 1564, e da festa de Bourdeaux de 9 de abril de 1565, quando trezentos homens apareceram conduzindo doze nações estrangeiras cativas: gregos, turcos, árabes, egípcios, hindus, etíopes e selvagens brasileiros.
13. Sobre o tema, ver C. LÉVI-STRAUSS, *Raça e história*; T. TODOROV, *A conquista da América: A questão do outro*; M. C. da CUNHA e E. V. de CASTRO, "Vingança e temporalidade: os Tupinambás", em *Anuário Antropológico*, 1986, pp. 57-78, vol. 85; E. V. de CASTRO, *A inconstância da alma selvagem*.
14. Apud A. GERBI, *La disputa del nuevo mundo*, p. 7, nota 15.
15. C. F. P. von MARTIUS, *O estado de direito entre os autóctones no Brasil*, p. 56.
16. Estamos falando de autores como Gobineau, Le Bon e Taine, que procuraram estabelecer uma correlação entre atributos externos (físicos) e internos (morais), fazendo da raça um elemento ontológico e definidor do futuro das nações.
17. M. BANTON, *The Idea of Race*, p. 264.
18. R. BARTHES, *Mitologias*, p. 27.
19. Para uma visão mais abrangente da posição de Nina Rodrigues sugiro a leitura de "Mestiçagem, degenerescência e crime" ou do livro *As raças humanas e a responsabilidade penal no Brasil*, no qual o autor defende a criação de dois códigos penais: um para brancos, outro para negros.

20 Ver nesse sentido artigo de A. S. A. GUIMARÃES, de onde retirei essa expressão e ideia: "La République: utopie de Blancs, crainte de Noirs. (la liberté est noire, l'égalité est blanche et la fraternité est métissée)". Disponível em: <www.cean.sciencespobordeaux.fr/seance_guimaraes.pdf>.
21 E. da CUNHA, *Os sertões*, p. 96. Retomo neste momento algumas concepções desenvolvidas em artigo de minha autoria intitulado "Questão racial no Brasil".
22 J. B. LACERDA, *Sur les métis au Brésil*, pp. 18-9.
23 A partir de meados do século XIX, tendo o IHGB como sede e a monarquia como financiadora, um grupo de jovens intelectuais — entre literatos, historiadores e jornalistas — passou a se reunir, havendo selecionado o indígena idealizado como a nova imagem para a nação. Sobre o tema ver, entre outros, A. CANDIDO, "O romantismo".
24 C. F. von MARTIUS, "Como se deve escrever a história do Brasil", *Ciência Hoje*, São Paulo, 1991, vol. 14, n. 77, p. 13.
25 Para um desenvolvimento maior do tema, sugiro a leitura do importante trabalho de T. E. SKIDMORE, *Preto no branco*, e de meu livro *O espetáculo das raças*.
26 O questionário foi aplicado na Universidade de São Paulo.
27 Ver C. TURRA e G. VENTURI (orgs.), *Racismo cordial*.
28 A pesquisa foi realizada por João Batista de Jesus Félix, em seu projeto de mestrado no Departamento de Antropologia Social da Universidade de São Paulo.
29 F. W. TWINE, *Racism in a Racial Democracy*, p. 68.
30 A. S. A. GUIMARÃES, "Racismo e antirracismo no Brasil".
31 K. A. APPIAH, *Na casa de meu pai*, p. 75.
32 T. SOWELL, *Race and Culture*, p. 96.
33 Entrevista à revista *Time*, 19 jan. 1998.
34 P. FRY, *A persistência da raça: Estudos antropológicos sobre o Brasil e a África Austral*, p. 147.
35 G. W. STOCKING JR., *Race, Culture and Evolution: Essays in the History of Anthropology*; M. FOUCAULT, *História da sexualidade 1 — A vontade de saber*.
36 P. FRY, *A persistência da raça: Estudos antropológicos sobre o Brasil e a África Austral*; A. FAUSTO-STERLING, *Sexing the Body: Gender Politics and the Construction of Sexuality*.
37 A. MCCLINTOCK, *Imperial Leather: Race, Gender and Sexuality in the Colonial Context;* A. L. STOLER, "Carnal Knowledge and Imperial Power: Gender, Race and Morality in Colonial Asia", em R. LANCASTER e M. DI LEONARDO, *The Gender/Sexuality Reader: Culture, History, Political Economy*; V. STOLCKE, "Sexo está para gênero assim como raça para etnicidade?", *Estudos Afro-Asiáticos*, 1991, n. 20; M. CORRÊA (org.), "Cara, cor, corpo". *Cadernos Pagu*, 2004, n. 23.
38 Essa pequena reflexão sobre marcadores sociais da diferença é parte de um debate que estabelecemos com Júlio Assis Simões, a quem agradeço por essas referências.
39 Nos volumes 1 e 2 da coleção *História da vida privada no Brasil* (São

Paulo: Companhia das Letras, 1997), abordou-se com mais vagar a questão da introdução de mão de obra escrava no país e seu enraizamento em contextos diversos.
40 S.B. de HOLANDA, *Raízes do Brasil*, p.32.
41 Em alguns casos optamos por usar o termo "escravizado" em vez de "escravo". Isso para destacar a diferença na condição: "escravo" é uma situação essencial; "escravizado" refere-se a uma condição, uma circunstância histórica marcada pela dissimetria, pelo ato compulsório e pela violência.
42 É claro que a existência de quilombos durante todo o período escravocrata, assim como de manifestações de segmentos negros urbanos e de confrarias negras, sobretudo no decorrer do século XIX, atesta um claro espaço de atuação. No entanto, para a grande parte dos cativos o jugo absoluto do senhor de terras era uma realidade insofismável.
43 L.SPITZER, *Vidas de entremeio*.
44 H.ARENDT, *Origens do totalitarismo*.
45 L.DUMONT, *Homo hierarquicus*.
46 Tive oportunidade de desenvolver esse argumento com mais vagar no livro *O espetáculo das raças* (São Paulo: Companhia das Letras, 1987).
47 Sobre o tema, ver capítulo escrito por L.F. de ALENCASTRO e M.L. RENAUX no segundo volume da coleção *História da vida privada no Brasil, Império: a corte e a modernidade nacional*. J. de Sousa RAMOS apresenta, também, documentos reveladores de uma política premeditada de branqueamento. Revela como em 1925 a Sociedade Nacional de Agricultura (SNA) produziu e distribuiu, a mais de 6 mil representantes do setor, um questionário composto de dez perguntas, algumas absolutamente diretas: "[...] (3) Pensa que essa imigração deva ser exclusivamente branca? Dá preferência a alguma nacionalidade? [...] (6) Qual a opinião do senhor acerca da imigração negra? [...] (&) Se V. Exa. aceita, em princípio, a imigração negra, acha que ela deva ser acolhida incondicionalmente? [...]", "Dos males que vêm com o sangue", em M.C. MAIO e R.V. SANTOS (orgs.), *Raça, ciência e sociedade*, p.69.
48 Diferentemente de outros países onde a abolição foi reconhecida como fruto de uma série de revoltas e lutas, no Brasil a representação oficial obliterou as diferentes manifestações populares para fazer da Lei Áurea de 13 de maio de 1888 uma forma de "medida maior" da monarquia.
49 Existe uma importante bibliografia sobre esse tema. Recomendamos, nesse sentido, os livros de João Reis, Flávio Gomes e Eduardo Silva (neste último trata do Quilombo das Camélias).
50 Jim Crow: nome que se convencionou dar às práticas discriminatórias adotadas nos Estados Unidos. A expressão é também usada de forma pejorativa para designar os negros. Ver, nesse sentido, A.W.MARX, "A construção da raça e o Estado-Nação", *Estudos Afro-Asiáticos*, Rio de Janeiro, 1996, n.29.
51 Segundo Fernando A.NOVAIS, em entrevista ao jornal *Folha de S.Paulo* datada de 25 de maio de 1997, o processo brasileiro de abolição da escravidão foi diverso do norte-americano, pois, como o cativeiro existia

em todo o país, seu final não provocou a divisão, o que aconteceu nos Estados Unidos, onde existia um claro impasse entre o Norte e o Sul.
52 Por outro lado, ainda que no Brasil tenha ocorrido uma mestiçagem extremada, tal fato se explica por motivos circunstanciais e históricos — em razão do projeto de colonização e da desproporção entre os sexos —, e não apenas pela propalada índole mais democrática dos portugueses.
53 M. de ANDRADE, *Macunaíma*, pp. 37-8.
54 A fábula das três raças é uma espécie de ladainha contada desde os tempos coloniais. Retomada, como vimos, de forma mais oficial por Carl von Martius — que em 1844 a apresentava como parte do artigo que preparara para o concurso do IHGB —, ela aparece nas obras de outros autores como S. ROMERO, *História da literatura brasileira*, e J. B. LACERDA, *Sur les métis au Brésil*.
55 A. BOSI, "Situação de Macunaíma", em M. de ANDRADE, *Macunaíma*, p. 177.
56 Idem, ibidem.
57 M. de ANDRADE, "O Aleijadinho", em *Aspectos das artes plásticas no Brasil*, p. 37.
58 A. BOSI, op. cit., p. 178.
59 B. ANDERSON, *Imagined Communities*.
60 Para uma discussão mais aprofundada do tema ver E. HOBSBAWN e T. RANGER, *A invenção das tradições*; H. BHABHA, *Nation and Narration*; e S. HALL, "A questão da identidade", entre outros.
61 Ver nesse sentido, entre outros, H. VIANNA, *O mistério do samba*, e S. SCHWARTZMAN et al., *Tempos de Capanema*.
62 G. FREYRE, *Casa-grande & senzala*, p. 18. Freyre refere-se à sua estada, como estudante, nos Estados Unidos e seu contato com as teorias culturalistas de Franz Boas, que relativizava a importância da raça para a compreensão dos grupos humanos e destacava, em contrapartida, a relevância do ambiente, da história e sobretudo da cultura.
63 Idem, ibidem, p. 307.
64 M. BANDEIRA, *Poesia completa e prosa*, pp. 335-6.
65 A obra de Freyre já foi objeto de análise de inúmeros autores. Entre outros destaco a obra de R. B. de ARAÚJO, *Guerra e paz*; T. SKIDMORE, *Preto no branco*; e D. M. LEITE, *O caráter nacional brasileiro*.
66 L. BARRETO, "O traidor".
67 Os estudos de Donald Pierson tiveram grande influência nas análises sobre a singularidade das classificações raciais no Brasil. Entre outros, destacam-se os trabalhos de M. HARRIS, *Patterns of Race in the America*, e T. de AZEVEDO, *As elites de cor*.
68 Sobre o tema, ver a importante análise de P. FRY, "Feijoada e soul food", em *Para inglês ver*, que revela como a utilização da comida de escravos nos Estados Unidos passou por um processo diametralmente oposto.
69 Para um maior desenvolvimento do tema ver L. V. REIS, "A aquarela do Brasil", *Cadernos de Campo*.
70 Idem, ibidem, p. 12.
71 Ver J. B. A. de SOUZA, "Mãe negra de um povo mestiço", *Estudos Afro-Asiáticos*, Rio de Janeiro, 1996, n. 29.

72 Freyre inclusive "exportaria", anos depois e com o apoio do regime de Salazar, um certo modelo brasileiro que deveria servir para todo o Império português. O termo luso-tropicalismo fala das aspirações do autor. Nesse sentido, ver O. R. THOMAZ, "Ecos do Atlântico Sul". É preciso dizer, ainda, que nos anos 1930 Vargas se utilizaria tanto do projeto modernista paulista como do regionalismo de Freyre, o que, em certo sentido, significou uma forma de reação ao modelo do Sul.

73 Apud L. V. REIS, "A aquarela do Brasil", *Cadernos de Campo*.

74 J. SEVERIANO e Z. H. de MELLO, *A canção no tempo*, p. 196.

75 As reflexões apresentadas nos próximos parágrafos, sobre música popular e questão racial, fazem parte de artigo mais amplo que escrevi junto com Heloisa Starling, a quem agradeço. "Lendo canções e arriscando um refrão" (com Heloisa Starling), *Revista USP — Dossiê raça*, dez.-jan.-fev. 2005-6, n. 68, pp. 210-33.

76 Para as grandes sociedades, ver M. FIGUEIREDO, *Cordão da Bola Preta*; J. EFEGÊ, *Figuras e coisas da música popular brasileira*. Provavelmente por conta das grandes sociedades, vale anotar ainda nas letras de samba a popularidade desfrutada pelo termo democracia, sempre associado à convivência racial harmônica. Ver, por exemplo, os versos de "Vem cá, mulata" (1906), de Bastos Tigre e Arquimedes de Oliveira: "Vem cá, mulata/ Não vou lá não/ Sou democrata/ De coração". Ou os versos de "No bico da chaleira" (1909), com críticas ao senador gaúcho Pinheiro Machado, e um estribilho de muito sucesso no carnaval daquele ano: "Quem vem de lá/ Bela Iaiá/ Ô abre alas/ Que quero passar/ Sou democrata/ Águia de prata/ Vem cá, mulata/ Que me faz chorar".

77 Vale observar que, na gravação original, o uso da flauta serviu para sublinhar a ironia do compositor e revelar com deboche na metáfora do recenseador o papel da censura e a existência de um cotidiano profundamente autoritário orientando a vida da sociedade brasileira durante os tempos da ditadura Vargas.

78 Esse projeto foi em seguida ampliado e houve novas pesquisas, que foram conduzidas pela cadeira de Sociologia I da Faculdade de Filosofia, Ciências e Letras da Universidade de São Paulo (a partir de então mais conhecida como Escola Paulista de Sociologia). Fernando Henrique Cardoso, Otávio Ianni e Renato Jardim realizaram projetos vinculados em áreas onde a proporção de negros era a menor em todo o Brasil, buscando as formas peculiares de introdução da escravidão.

79 Em 1995, Florestan Fernandes publica, com Roger Bastide, *Relações raciais entre negros e brancos em São Paulo*, mas é em *A integração do negro na sociedade de classes* — editado pela primeira vez em 1965, mas originalmente sua tese de cátedra em sociologia, defendida em 1964 — e em *O negro no mundo dos brancos* (1972) que o autor retoma de forma mais evidente os impasses da situação racial brasileira. Para maiores informações sobre a obra de Florestan Fernandes, ver M. A. ARRUDA, "A imagem do negro na obra de Florestan Fernandes", em L. M. SCHWARCZ e R. QUEIROZ (orgs.), *Raça e diversidade*, e "Dilemas do Brasil moderno", em M. C. MAIO e R. V. SANTOS (orgs.), *Raça, ciência e sociedade*.

80 F. FERNANDES, *O negro no mundo dos brancos*, p. 21.
81 Era assim, informado das novas vertentes sociológicas e do materialismo histórico, que Florestan Fernandes entendia o tema, sem deixar de estabelecer relações entre o processo de formação de uma sociedade de classes e a manutenção de mecanismos de discriminação ainda vigentes no país. Nesse sentido, ver A. S. A. GUIMARÃES, "Racismo e antirracismo no Brasil", p. 140.
82 F. FERNANDES, *O negro no mundo dos brancos*, p. 23.
83 Idem, ibidem, p. 27.
84 Idem, *A integração do negro na sociedade de classes*, p. 30.
85 O momento de fundação do MN está associado, geralmente, ao ato público de 7 de julho de 1978 em São Paulo. É importante destacar que esse não foi nem o único nem o primeiro movimento negro brasileiro. Data de 1931 a criação da Frente Negra Brasileira e de seu jornal, *A Voz da Raça*. Além desse, no mesmo contexto existiam outros periódicos negros atuantes, como *O Clarim da Alvorada* e *O progresso*. Anos mais tarde surgiriam novos veículos, como *Os Cadernos de Cultura Negra*, e seriam gestadas novas iniciativas; um bom exemplo é o Teatro Experimental do Negro criado por Abdias Nascimento. O sociólogo Antonio Sérgio Guimarães vem realizando amplo levantamento sobre o tema, e recomendo seus vários trabalhos nesse sentido.
86 G. R. ANDREWS, "Desigualdade racial no Brasil e nos Estados Unidos", *Revista Afro-Asiática*, 1992, n. 22, p. 76. Essa lei (n. 1.390), de 3 de julho de 1951, tornava imputável e considerava contravenção penal a recusa de hospedar, servir, atender ou receber cliente, comprador ou aluno por preconceito de raça ou de cor. Também considerava crime a recusa de venda em qualquer estabelecimento público. A punição variava sempre de quinze dias a treze meses.
87 A ineficácia da medida, mais conhecida como Lei Caó (em homenagem a seu idealizador, Carlos Alberto Caó, PDT), pode ser comprovada pelo pequeno número de condenações: só três em todo o país.
88 Afinal, em vez de *e* o texto da lei apresenta um *ou*, revelando como nessa interpretação os termos são homólogos. Lembro, ainda, que só existe uma raça no Brasil ou em qualquer parte do mundo: a humana. No entanto, não é o caso de negar o critério e sim de nuançá-lo.
89 O artigo número 2 foi impedido.
90 A lei, n. 11.995, foi aprovada em 16 de janeiro de 1996, mas posta em prática só no ano de 1997. Mais uma vez, ainda que misturadas a outros itens, raça, cor e origem estão presentes.
91 Além do mais, o boletim de ocorrência para casos de racismo é específico, e a vítima que vai à delegacia prestar queixa, para poder utilizá-lo, tem que saber o número da lei a fim de evitar que o inquérito corra por outras vias. Por fim, é necessária a contratação de um advogado, que deve fornecer "provas de racismo".
92 C. TURRA e G. VENTURI (orgs.), *Racismo cordial*.
93 Citado por R. DAMATTA no ensaio intitulado "Você sabe com quem está falando?", em *Carnavais, malandros e heróis*, p. 163.

94 M.C. MAIO e R.V. SANTOS, *Raça como questão: História, ciências e identidade no Brasil*.
95 Sobre esse assunto, ver a tese de A.L. LOPES, "Negros e mestiços nas faculdades de Pedagogia".
96 Nesse sentido, ver P. FRY, *A persistência da raça. Ensaios antropológicos sobre o Brasil e a África Austral*.
97 Não se desconhecem as dificuldades para a aferição da cor no Brasil. Os critérios pouco objetivos, bem como o uso elástico do conceito "cor", serão motivo de análise mais adiante neste texto.
98 N. do VALLE E SILVA, "Aspectos demográficos dos grupos raciais", *Estudos Afro-Asiáticos*, Rio de Janeiro, 1992, n. 23, p. 7.
99 M.A.R. BATISTA e O.M. GALVÃO, "Desigualdades raciais no mercado de trabalho", *Estudos Afro-Asiáticos*, Rio de Janeiro, 1992, n. 23, p. 83.
100 N. do VALLE E SILVA, "Uma nota sobre raça social no Brasil", *Estudos Afro-Asiáticos*, Rio de Janeiro, 1994, n. 26.
101 S. ADORNO, "Violência e racismo", em L.M. SCHWARCZ e R. QUEIROZ (orgs.), *Raça e diversidade*, p. 257.
102 Idem, ibidem, p. 260.
103 Idem, ibidem, p. 273.
104 F. ROSENBERG, "Segregação espacial na escola paulista", *Estudos Afro-Asiáticos*, Rio de Janeiro, 1990, n. 19, pp. 100-3.
105 L.C. BARCELOS, "Educação — um quadro das desigualdades raciais", *Estudos Afro-Asiáticos*, Rio de Janeiro, 1993, n. 23, pp. 45-6.
106 G.R. ANDREWS, "Desigualdade racial no Brasil e nos Estados Unidos", *Revista Afro-Asiática*, 1992, n. 22, p. 62.
107 No último recenseamento feito pelo IBGE, em 2010, a população brasileira era de 190 milhões de habitantes.
108 O censo de 1940 mostrava que os brancos já haviam alcançado a marca de 63,5%, ao passo que a população parda havia se reduzido (N. do VALLE E SILVA, "Aspectos demográficos dos grupos raciais", *Estudos Afro-Asiáticos*, Rio de Janeiro, 1992, n. 23, p. 7). Por outro lado, em 1990 os resultados do censo mantinham a proporção: 55% brancos, 34,3% pardos, 4,9% pretos e 0,8% amarelos.
109 Idem, ibidem.
110 Idem, ibidem, p. 8.
111 Idem, ibidem.
112 C.H. WOOD, "Categorias censitárias e classificação subjetiva da população negra brasileira", em P. LOVELL (org.), *Desigualdades raciais no Brasil contemporâneo*.
113 A. BERCOVICH, "Fecundidade da mulher negra", *Textos Nepo*, Campinas, 1987, n. 11, pp. 47-101.
114 E. BERQUÓ, "Nupcialidade da população negra", *Textos Nepo*, Campinas, 1987, n. 11, p. 44. Lembramos, novamente, que dois fatores devem ser levados em conta: a mestiçagem efetiva e o branqueamento na autotitulação.
115 A.S.A. GUIMARÃES, "Raça, cor de pele e etnia", *Cadernos de Campo*, São Paulo, 2011, n. 20, pp. 266-71.

116 Dados raciais também podem ter sido retirados das PNADs de 1976, 1984 e 1987.
117 Ver nesse sentido C. TURRA e G. VENTURI (orgs.), *Racismo cordial*, e J. E. M. POSADA, "Cor segundo os censos demográficos", entre outros.
118 J. E. M. POSADA, "Cor segundo os censos demográficos", p. 224.
119 Até recentemente, em determinadas cortes norte-americanas, qualquer pessoa com *"one drop of African blood"* ou algum ancestral africano reconhecido era considerada negra. Esse raciocínio também vale quando se nota a presença de termos classificatórios que remetem sempre à origem: *Afro-American*, *Italian-American*, e assim por diante.
120 Apesar das possíveis respostas em tom de chacota, pode-se pensar nas representações presentes, em virtude da insistência com que os termos aparecem.
121 V. TURNER, *Floresta de símbolos*.
122 Existe em curso uma longa discussão sobre o termo que deveria substituir o nome *pardo*. Muitos têm se manifestado favoráveis à designação *moreno*, que nessa relação recebeu 34% das autoatribuições. O termo afro-americano tem sido também destacado, sobretudo em virtude de sua popularidade no contexto norte-americano. Essa discussão, porém, escapa aos objetivos deste texto.
123 N. do VALLE E SILVA, "Uma nota sobre raça social no Brasil", *Estudos Afro-Asiáticos*, Rio de Janeiro, 1994, n. 26, p. 70.
124 C. VELOSO, *Verdade tropical*.
125 L. SANSONE, "Pai preto, filho negro — trabalho, cor e diferenças de geração", *Estudos Afro-Asiáticos*, Rio de Janeiro, 1993, n. 25, p. 88.
126 Citado por M. A. ARRUDA, "A imagem do negro na obra de Florestan Fernandes", em L. M. SCHWARCZ e R. QUEIROZ (orgs.), *Raça e diversidade*, p. 288.
127 H. KOSTER, *Viagem ao Nordeste do Brasil*, p. 58.
128 N. do VALLE E SILVA, "Uma nota sobre raça social no Brasil", *Estudos Afro-Asiáticos*, Rio de Janeiro, 1994, n. 26, p. 76.
129 A narrativa foi coletada por M. da Glória da Veiga MOURA e incluída na sua tese de doutorado, "Ritmo e ancestralidade na força dos tambores negros".
130 Estou me referindo à festa de Moçambique, de origem africana, que acontece em algumas comunidades rurais de descendentes de quilombos. Para um aprofundamento ver M. da Glória da Veiga MOURA, op. cit.
131 Com a atual voga do "politicamente correto", cada vez mais têm se alterado os papéis de negros nas novelas. Para uma análise melhor do tema, ver, por exemplo, E. HAMBURGER, "Diluindo fronteiras: a televisão e as novelas no cotidiano", em L. M. SCHWARCZ (org.), *História da vida privada no Brasil*, vol. 4.
132 C. VELOSO, *Verdade tropical*, p. 505.
133 M. SAHLINS, *Ilhas de história*.
134 Em outros países da América Latina conceitos paralelos podem ser reconhecidos: "raça cósmica", na concepção do mexicano José Vasconcelos, ou a imagem do *"café con leche"*, usada pelos venezuelanos para descrever a cor da população.

135 C. LÉVI-STRAUSS, *O pensamento concreto*. Tratei desse tema também no artigo "Questões de fronteira: sobre uma antropologia da história", *Novos estudos — Cebrap*, São Paulo, jul. 2005, n. 72, pp. 119-36.
136 J. de Souza MARTINS, "Apontamentos sobre vida cotidiana e história", *Anais do Museu Paulista*, p. 8, e *O poder do atraso*.
137 S. B. de HOLANDA, *Raízes do Brasil*, p. 107.
138 Idem, ibidem, p. 101. Diz o historiador: "É que nenhum desses vizinhos soube desenvolver a tal extremo essa cultura da personalidade que parece constituir o traço decisivo dessa evolução, desde tempos imemoriais" (p. 32).
139 Idem, ibidem, p. 119.
140 A. CANDIDO, "Dialética da malandragem", em *O discurso e a cidade*.
141 Idem, ibidem, p. 51.
142 R. DA MATTA, "Você sabe com quem está falando?", em *Carnavais, malandros e heróis*.
143 Ver nesse sentido entrevista de Laura de Mello e Souza e Fernando A. Novais à *Folha de S. Paulo*, 25 maio 1997.
144 C. GEERTZ, *A interpretação das culturas*.
145 Nessa perspectiva, parece que estamos bastante próximos da realidade norte-americana. Segundo uma edição da revista *Times* de fevereiro de 1998, a maior parte dos condenados à morte, nos estados que adotam tal tipo de punição, são negros e sua idade oscila entre dezesseis e 22 anos.
146 R. DA MATTA, "Você sabe com quem está falando?", em *Carnavais, malandros e heróis*.
147 Foi numa palestra realizada na Universidade Princeton, em 2010, que ouvi o professor Arcadio Díaz Quiñones usar, pela primeira vez, e criticamente, tais expressões.

## TABELA

Pessoas de 10 anos ou mais de idade, por cor ou raça, segundo a situação do domicílio e as classes de rendimento nominal mensal — Brasil — 2010

| Situação do domicílio e classes de rendimento nominal mensal (salário mínimo) (1) | Total |
|---|---:|
| **TOTAL (2)** | **161 990 266** |
| ATÉ 1/4 | 5 049 380 |
| MAIS DE 1/4 A 1/2 | 5 221 389 |
| MAIS DE 1/2 A 1 | 34 223 224 |
| MAIS DE 1 A 2 | 30 579 905 |
| MAIS DE 2 A 3 | 10 167 427 |
| MAIS DE 3 A 5 | 8 139 184 |
| MAIS DE 5 A 10 | 5 819 348 |
| MAIS DE 10 A 15 | 1 072 841 |
| MAIS DE 15 A 20 | 882 780 |
| MAIS DE 20 A 30 | 456 189 |
| MAIS DE 30 | 270 451 |
| SEM RENDIMENTO (3) | 60 071 024 |
| **URBANA (2)** | **137 489 362** |
| ATÉ 1/4 | 3 013 762 |
| MAIS DE 1/4 A 1/2 | 3 541 254 |
| MAIS DE 1/2 A 1 | 28 143 424 |
| MAIS DE 1 A 2 | 28 033 937 |
| MAIS DE 2 A 3 | 9 655 655 |
| MAIS DE 3 A 5 | 7 831 301 |
| MAIS DE 5 A 10 | 5 659 867 |
| MAIS DE 10 A 15 | 1 050 827 |
| MAIS DE 15 A 20 | 864 699 |
| MAIS DE 20 A 30 | 448 215 |
| MAIS DE 30 | 263 179 |
| SEM RENDIMENTO (3) | 48 948 419 |
| **RURAL (2)** | **24 500 904** |
| ATÉ 1/4 | 2 035 618 |
| MAIS DE 1/4 A 1/2 | 1 680 135 |
| MAIS DE 1/2 A 1 | 6 079 800 |
| MAIS DE 1 A 2 | 2 545 968 |
| MAIS DE 2 A 3 | 511 772 |
| MAIS DE 3 A 5 | 307 883 |
| MAIS DE 5 A 10 | 159 481 |
| MAIS DE 10 A 15 | 22 014 |
| MAIS DE 15 A 20 | 18 081 |
| MAIS DE 20 A 30 | 7 974 |
| MAIS DE 30 | 7 272 |
| SEM RENDIMENTO (3) | 11 122 605 |

Fonte: IBGE, Censo Demográfico 2010.

Pessoas de 10 anos ou mais de idade

Cor ou raça

| Branca | Preta | Amarela | Parda | Indígena | Sem declaração |
|---|---|---|---|---|---|
| 77 787 902 | 12 974 794 | 1 824 789 | 68 779 712 | 616 927 | 6 142 |
| 1 404 515 | 482 214 | 59 706 | 3 067 317 | 35 621 | 7 |
| 1 635 958 | 520 742 | 56 282 | 2 972 696 | 35 684 | 27 |
| 14 268 557 | 3 421 148 | 351 505 | 16 067 458 | 114 507 | 49 |
| 16 187 164 | 2 556 173 | 298 593 | 11 472 805 | 65 116 | 54 |
| 6 237 093 | 686 961 | 114 915 | 3 111 029 | 17 410 | 19 |
| 5 473 309 | 443 783 | 112 095 | 2 097 843 | 12 132 | 22 |
| 4 270 401 | 233 724 | 103 500 | 1 204 381 | 7 300 | 42 |
| 836 286 | 31 623 | 22 099 | 181 600 | 1 224 | 9 |
| 721 865 | 18 268 | 19 640 | 122 238 | 754 | 15 |
| 380 246 | 8 008 | 9 798 | 57 762 | 367 | 8 |
| 227 808 | 4 437 | 5 296 | 32 666 | 240 | 4 |
| 26 122 047 | 4 565 932 | 670 402 | 28 384 867 | 326 502 | 1 274 |
| **68 735 628** | **11 163 270** | **1 588 863** | **55 724 006** | **272 704** | **4 891** |
| 870 628 | 313 039 | 36 854 | 1 782 351 | 10 883 | 7 |
| 1 166 724 | 375 670 | 39 225 | 1 948 048 | 11 561 | 26 |
| 11 875 186 | 2 911 624 | 296 661 | 12 994 900 | 65 007 | 46 |
| 14 836 598 | 2 391 580 | 277 288 | 10 478 935 | 49 485 | 51 |
| 5 915 501 | 662 589 | 110 220 | 2 952 262 | 15 064 | 19 |
| 5 263 724 | 432 573 | 108 725 | 2 015 420 | 10 837 | 22 |
| 4 154 692 | 228 852 | 101 065 | 1 168 402 | 6 814 | 42 |
| 819 442 | 31 136 | 21 766 | 177 283 | 1 191 | 9 |
| 707 563 | 17 938 | 19 318 | 119 126 | 739 | 15 |
| 373 914 | 7 879 | 9 673 | 56 386 | 355 | 8 |
| 222 001 | 4 314 | 5 144 | 31 487 | 229 | 4 |
| 22 507 486 | 3 784 397 | 561 989 | 21 992 821 | 100 493 | 1 233 |
| **9 052 274** | **1 811 524** | **235 926** | **13 055 706** | **344 223** | **1 251** |
| 533 887 | 169 175 | 22 852 | 1 284 966 | 24 738 | - |
| 469 234 | 145 072 | 17 057 | 1 024 648 | 24 123 | 1 |
| 2 393 371 | 509 524 | 54 844 | 3 072 558 | 49 500 | 3 |
| 1 350 566 | 164 593 | 21 305 | 993 870 | 15 631 | 3 |
| 321 592 | 24 372 | 4 695 | 158 767 | 2 346 | - |
| 209 585 | 11 210 | 3 370 | 82 423 | 1 295 | - |
| 115 709 | 4 872 | 2 435 | 35 979 | 486 | - |
| 16 844 | 487 | 333 | 4 317 | 33 | - |
| 14 302 | 330 | 322 | 3 112 | 15 | - |
| 6 332 | 129 | 125 | 1 376 | 12 | - |
| 5 807 | 123 | 152 | 1 179 | 11 | - |
| 3 614 561 | 781 535 | 108 413 | 6 392 046 | 226 009 | 41 |

Nota: Os dados de rendimento são preliminares. (1) Salário mínimo utilizado: R$ 510,00. (2) Inclusive as pessoas sem declaração de rendimento nominal mensal. (3) Inclusive as pessoas que recebiam somente em benefícios.

# BIBLIOGRAFIA

ADORNO, Sergio. "Violência e racismo — discriminação no acesso à justiça penal". In SCHWARCZ, Lilia Moritz; QUEIROZ, Renato (orgs.). *Raça e diversidade*. São Paulo: Edusp; Estação Ciência, 1996.

ALENCASTRO, Luiz Felipe de; RENAUX, Maria Luiza. "Caras e modos dos migrantes e imigrantes". In NOVAIS, Fernando A. (dir.); ALENCASTRO, Luiz Felipe de (org.). *História da vida privada no Brasil — Império: a corte e a modernidade nacional*, vol. 2. São Paulo: Companhia das Letras, 1997.

ANDERSON, B. *Imagined Communities*. Londres: New Left Books, 1983.

ANDRADE, Mário de. *Macunaíma — O herói sem nenhum caráter*. Brasília: CNPq, 1988.

____. "O Aleijadinho". In *Aspectos das artes plásticas no Brasil*. Belo Horizonte: Itatiaia, 1984.

ANDREWS, George Reid. "Desigualdade racial no Brasil e nos Estados Unidos". *Revista Afro-Asiática*, 1992, n. 22.

APPIAH, Kwame Anthony. *Na casa de meu pai — A África na filosofia da cultura*. Rio de Janeiro: Contraponto, 1997.

ARAÚJO, Ricardo Benzaquen de. *Guerra e paz — Casa-grande & senzala e a obra de Gilberto Freyre nos anos 30*. Rio de Janeiro: 34 Letras, 1994.

ARENDT, Hannah. *Origens do totalitarismo*. São Paulo: Companhia das Letras, 2000.

ARRUDA, Maria Arminda. "A imagem do negro na obra de Florestan Fernandes". In SCHWARCZ, Lilia Moritz; QUEIROZ, Renato (orgs.). *Raça e diversidade*. São Paulo: Edusp; Estação Ciência, 1996.

____. "Dilemas do Brasil moderno — a questão racial na obra de Florestan Fernandes". In MAIO, Marcos Chor; SANTOS, Ricardo V. (orgs.). *Raça, ciência e sociedade*. Rio de Janeiro: Fiocruz; CCBB, 1996.

AZEVEDO, Thales de. *As elites de cor — Um estudo de ascensão social*. São Paulo: Nacional, 1955.

____. *Classes e grupos de prestígio — Cultura e situação racial no Brasil*. Rio de Janeiro: Civilização Brasileira, 1966.

BANDEIRA, Manuel. *Poesia completa e prosa*. Rio de Janeiro: Nova Aguilar, 1996.

BANTON, Michael. *The Idea of Race*. Boulder: Westview Press, 1977.

BARCELOS, Luiz Claudio. "Educação — um quadro das desigualdades raciais". *Estudos Afro-Asiáticos*. Rio de Janeiro, 1992, n. 23.

BARRETO, Lima. "O traidor". [S.l.]: [s.n.], [19--]. Orig. Ms. 10 f. FBN/Mss I-06,35,0964. Fundo/Coleção Lima Barreto.

BARTHES, Roland. *Mitologias*. 5. ed. São Paulo: Difel, 1982.

BASTIDE, Roger; FERNANDES, Florestan. *Relações raciais entre negros e brancos em São Paulo*. São Paulo: Unesco; Anhembi, 1955.

BATISTA, Marta Aimée R.; GALVÃO, Olívia Maria. "Desigualdades raciais no mercado de trabalho". *Estudos Afro-Asiáticos*. Rio de Janeiro, 1992, n. 23.

BERCOVICH, Alícia. "Fecundidade da mulher negra — constatações e questões". *Textos Nepo*. Campinas, Nepo, Unicamp, 1987, n. 11, pp. 47-101.

BERQUÓ, Elza. "Nupcialidade da população negra". *Textos Nepo.* Campinas, Nepo, Unicamp, 1987, n. 11, pp. 8-46.

BHABHA, Homi. *Nation and Narration.* Londres; Nova York: Routledge, s.d.

BOAS, Franz. *Anthropology and Modern Life* (1928). Nova York: Dover Publications, 1962.

BOSI, Alfredo. "Situação de Macunaíma". In ANDRADE, Mário de. *Macunaíma — O herói sem nenhum caráter.* Brasília: CNPq, 1988.

CANDIDO, Antonio. "O romantismo". São Paulo: 1990, Mimeo.

_____. "Dialética da malandragem". In *O discurso e a cidade.* São Paulo: Duas Cidades, 1993.

_____. *Formação da literatura brasileira.* 2. ed. Belo Horizonte: Itatiaia, 1981.

CASTRO, Eduardo Viveiros de. *A inconstância da alma selvagem.* São Paulo: Cosac Naif, 2002.

CORRÊA, Mariza (org.). "Cara, cor, corpo". *Cadernos Pagu,* 2004, n. 23.

CUNHA, Euclides da. *Os sertões* (1902). São Paulo: Cultrix, 1973.

CUNHA, Manuela Carneiro da; CASTRO, Eduardo Viveiro de. "Vingança e temporalidade: os Tupinambás". In *Anuário Antropológico,* 1986 vol. 85.

DA MATTA, Roberto. "Você sabe com quem está falando?". In *Carnavais, malandros e heróis.* 3. ed. Rio de Janeiro: Zahar, 1981.

DUMONT, Louis. *Homo hierarquicus.* Petrópolis: Vozes, 1992.

ELEUTÉRIO, Maria de Lourdes. "Esfinges e heroínas — a condição da mulher letrada na transição do fim do século". Tese de doutorado. São Paulo: USP, 1997.

EFEGÊ, Jota. *Figuras e coisas da música popular brasileira.* Rio de Janeiro: Funarte, 1978.

FAUSTO-STERLING, Anne. *Sexing the Body: Gender Politics and the Construction of Sexuality.* New York: Basic Books, 2000.

FERNANDES, Florestan. *A integração do negro na sociedade de classes.* São Paulo: Nacional, 1965, 2 vols.

_____. *O negro no mundo dos brancos.* São Paulo: Difel, 1972.

FIGUEIREDO, Maurício. *Cordão da Bola Preta.* Rio de Janeiro: Edição Bahia Ltda, s.d.

FOUCAULT, Michel. *História da sexualidade 1 — A vontade de saber.* Rio de Janeiro: Graal, 1977.

FREYRE, Gilberto. *Casa-grande & senzala.* Rio de Janeiro: Maia & Schmidt; José Olympio, 1933.

FRY, Peter. "Feijoada e soul food". In *Para inglês ver.* Rio de Janeiro: Paz e Terra, 1982.

_____. *A persistência da raça. Ensaios antropológicos sobre o Brasil e a África Austral.* Rio de Janeiro: Civilização Brasileira, 2005.

GÂNDAVO, Pero Magalhães de. *Tratado da terra & História do Brasil.* (org. Leonardo Dantas Silva). Recife: Fund. Joaquim Nabuco; Editora Massangana, 1995.

GERBI, Antonello. *La disputa del nuevo mundo: História de una polémica.* México: Fondo de Cultura Económica, 1982.

GEERTZ, Clifford. *A interpretação das culturas*. Rio de Janeiro: Jorge Zahar, 1978.

GOBINEAU, Arthur de. *Essai sur l'inégalité des races humaines* (1853). Paris: Gallimard; Pléiade, 1983.

GUIMARÃES, Antonio Sérgio Alfredo. "Racismo e antirracismo no Brasil". Dissertação de livre-docência. São Paulo: USP, 1997.

\_\_\_\_\_. "Raça, cor da pele e etnia". In *Cadernos de Campo*. São Paulo, 2011, n. 20, pp. 265-71.

HALL, Stuart. "A questão da identidade". Campinas: Unicamp, s. d., texto didático.

HAMBURGER, Esther. "Diluindo fronteiras: a televisão e as novelas no cotidiano". In SCHWARCZ, Lilia Moritz (org.). *História da vida privada no Brasil — Contrastes de intimidade contemporânea*, vol. 4. São Paulo: Companhia das Letras, 1998.

HARRIS, M. *Patterns of race in the America*. Nova York: Walker and Company, 1964.

HASENBALG, Carlos A. *Discriminação e desigualdades raciais no Brasil*. Rio de Janeiro: Biblioteca de Ciências Sociais, 1979.

\_\_\_\_\_; VALLE E SILVA, Nelson do; BARCELOS, L. C. "Notas sobre miscigenação racial no Brasil". *Estudos Afro-Asiáticos*. Rio de Janeiro, 1989, n. 16.

HOBSBAWN, Eric; RANGER, T. *A invenção das tradições*. São Paulo: Paz e Terra, 1987.

HOLANDA, Sérgio Buarque de. *Raízes do Brasil*. Rio de Janeiro: José Olympio, 1936.

\_\_\_\_\_. *Visão do Paraíso: Os motivos edênicos no descobrimento e colonização do Brasil*. Rio de Janeiro: José Olympio, 1959.

KOSTER, Henry. *Viagem ao Nordeste do Brasil* (1816). São Paulo: Nacional, 1942.

LACERDA, João Batista. *Sur les métis au Brésil*. Paris: Imprimerie Devouge, 1911.

LE BON, G. *Les Lois psychologiques de l'évolution des peuples* (1894). Paris: [s.n.], 1902.

LEITE, Dante Moreira. *O caráter nacional brasileiro*. 4. ed. São Paulo: Pioneira, 1983.

LÉVI-STRAUSS, Claude. *Raça e história*. São Paulo: Martins Fontes, 1975.

\_\_\_\_\_. *O pensamento concreto*. Lisboa: Edições Setenta, 1983.

LOPES, Ana Lúcia. "Negros e mestiços nas faculdades de Pedagogia". São Paulo: FFLCH/Departamento de Antropologia, USP, 2005.

MAIO, Marcos Chor; SANTOS, Ricardo Ventura. *Raça como questão: História, ciências e identidade no Brasil*. Rio de Janeiro: Fiocruz; Faperj, 2010.

\_\_\_\_\_. *Raça, ciência e sociedade*. Rio de Janeiro: Fiocruz; CCBB, 1996.

MARTINS, José de Souza. *O poder do atraso — Ensaios de sociologia lenta*. São Paulo: Hucitec, 1994.

\_\_\_\_\_. "Apontamentos sobre vida cotidiana e história". *Anais do Museu Paulista*, Nova Série, São Paulo, jan.-dez. 1996, vol. 4, pp. 49-58.

MARTIUS, Carl F. von. "Como se deve escrever a história do Brasil" (1844). *Ciência Hoje*, São Paulo, 1991, vol. 14, n. 77.

\_\_\_\_\_. *O estado de direito entre os autóctones no Brasil* (1843). São Paulo: Edusp, 1979.

MARX, Anthony W. "A construção da raça e o Estado-Nação". *Estudos Afro-Asiáticos*. Rio de Janeiro, 1996, n. 29.

MCCLINTOCK, Anne. *Imperial Leather: Race, Gender and Sexuality in the Colonial Context*. Londres: Routledge, 1995.

MONTAIGNE, Michel de. "Os canibais". In *Os pensadores*. São Paulo: Abril Cultural, 1972.

MOURA, Maria da Glória da Veiga. "Ritmo e ancestralidade na força dos tambores negros — o currículo invisível da festa". Tese de doutorado. São Paulo: USP, 1997.

NOGUEIRA, Oracy. *Tanto preto quanto branco — Estudos de relações raciais* (1954). São Paulo: T. A. Queiroz, 1985.

PIERSON, Donald. *Brancos e pretos na Bahia — Estudo de contacto racial*. São Paulo: Nacional, 1971.

POSADA, J. E. M. "Cor segundo os censos demográficos". [S. l.]: [s. n.], s. d.

RAMOS, Jair de Souza. "Dos males que vêm com o sangue". In MAIO, Marcos Chor; SANTOS, Ricardo V. (orgs.). *Raça, ciência e sociedade*. Rio de Janeiro: Fiocruz; CCBB, 1996.

REIS, Letícia Vidor. "A aquarela do Brasil — a mestiçagem e a construção da capoeira". *Cadernos de Campo*. São Paulo, 1996.

_____. *O mundo de pernas para o ar — A capoeira no Brasil*. São Paulo: Fapesp; Publisher Brasil, 1997.

RIBEIRO, Darcy. *O povo brasileiro — A formação e o sentido do Brasil*. São Paulo: Companhia das Letras, 1995.

RODRIGUES, Nina. *As raças humanas e a responsabilidade penal no Brasil* (1894). Bahia: Progresso, 1957.

ROMERO, Sílvio. *História da literatura brasileira* (1888). 5. ed. Rio de Janeiro: Imprensa Nacional, 1953.

ROSENBERG, Fulvia. "Segregação espacial na escola paulista". *Estudos Afro-Asiáticos*, Rio de Janeiro, 1990, n. 19.

_____; PINTO, R. P. "Saneamento básico e raça". XV Encontro Anual da Associação Nacional de Pós-Graduação e Pesquisa em Ciências Sociais — Anpocs. Caxambu, out. 1991. Mimeo.

SAHLINS, Marshall. *Ilhas de história*. Rio de Janeiro: Zahar, 1982.

SANSONE, Lívio. "Cor, classe e modernidade em duas áreas da Bahia (algumas primeiras impressões)". *Estudos Afro-Asiáticos*. Rio de Janeiro, 1992, n. 23.

_____. "Pai preto, filho negro — trabalho, cor e diferenças de geração". *Estudos Afro-Asiáticos*. Rio de Janeiro, 1993, n. 25.

_____. "Nem somente preto ou negro — o sistema de classificação racial no Brasil que muda". *Afro-Ásia*. Rio de Janeiro, 1996, n. 18, pp. 165-87.

SCHWARCZ, Lilia Moritz. *O espetáculo das raças — Cientistas, instituições e questão racial no Brasil*. São Paulo: Companhia das Letras, 1993.

_____; STARLING, Heloisa. "Lendo canções e arriscando um refrão". *Revista USP — Dossiê raça*, dez.-jan.-fev. 2005-6, n. 68.

_____. "Questão racial no Brasil". In SCHWARCZ, Lilia Moritz & REIS, Letícia Vidor. *Negras imagens*. São Paulo: Edusp, 1996.

SCHWARTZMAN, Simon et al. *Tempos de Capanema*. Rio de Janeiro; São Paulo: Paz e Terra; Edusp, 1984.

SEVERIANO, Jairo; MELLO, Zuza Homem de. *A canção no tempo — 85 anos de música brasileira*. São Paulo: 34 Letras, 1997.

SKIDMORE, Thomas E. *Preto no branco — Raça e nacionalidade no pensamento brasileiro*. Rio de Janeiro: Paz e Terra, 1976.

SOUZA, Juliana Beatriz Almeida de. "Mãe negra de um povo mestiço". *Estudos Afro-Asiáticos*. Rio de Janeiro, 1996, n. 29.

SOWELL, Thomas. *Race and Culture*. Nova York: [s. n.], 1994.

SPITZER, Leo. *Vidas de entremeio*. Rio de Janeiro: Editora UERJ, 2001.

STOCKING JR., George W. *Race, Culture and Evolution: Essays in the History of Anthropology*. Chicago: The University of Chicago Press, 1982.

STOLER, Ann Laura. "Carnal Knowledge and Imperial Power: Gender, Race and Morality in Colonial Asia." In: LANCASTER, Roger; DI LEONARDO, Micaela. *The Gender/Sexuality Reader: Culture, History, Political Economy*. Londres: Routledge, 1997.

STOLCKE, Verena. "Sexo está para gênero assim como raça para etnicidade?". *Estudos Afro-Asiáticos*, 1991, n. 20.

TAINE, Hippolyte. *Histoire de la littérature anglaise*. Paris: [s. n.], 1923.

TAMBURO, Estela Maria Garcia. "Mortalidade infantil da população negra brasileira". *Textos Nepo*. Campinas, Nepo, Unicamp, 1987, n. 11.

THOMAZ, Omar Ribeiro. "Ecos do Atlântico Sul — representações sobre o Império português". Tese de doutorado. São Paulo: USP, 1997.

TODOROV, Tzetan. *A conquista da América: A questão do outro*. São Paulo: Martins Fontes, 1983

TURNER, Victor. *Floresta de símbolos*. Niterói: Editora da Universidade Federal Fluminense, 2005.

TURRA, Cleusa; VENTURI, Gustavo (orgs.). *Racismo cordial*. São Paulo: Ática, 1995.

TWINE, France Winddance. *Racism in a Racial Democracy — The Maintenance of White Supremacy in Brazil*. Nova Jersey: Rutgers University Press, 1997.

VALLE E SILVA, Nelson do. "Black-White Income Differentials — Brazil, 1960". Tese de doutorado. Michigan: University of Michigan, 1992.

_____. "Aspectos demográficos dos grupos raciais". *Estudos Afro-Asiáticos*. Rio de Janeiro, 1992, n. 23.

_____. "Uma nota sobre raça social no Brasil". *Estudos Afro-Asiáticos*. Rio de Janeiro, 1994, n. 26.

VELOSO, Caetano. *Verdade tropical*. São Paulo: Companhia das Letras, 1997.

VIANNA, Hermano. *O mistério do samba*. Rio de Janeiro: Zahar, 1995.

VIANNA, Oliveira. *Populações meridionais do Brasil* (1918). Rio de Janeiro: José Olympio, 1952.

WOOD, Charles H. "Categorias censitárias e classificação subjetiva da população negra brasileira". In LOVELL, P. (org.). *Desigualdades raciais no Brasil contemporâneo*. Belo Horizonte: Cedeplar; UFMG, 1991.

YOUNG, Christie T. *The Black Princess and Other Fairy Tales from Brazil*. Londres: Sheldon Press, 1937.

## SOBRE A AUTORA

LILIA MORITZ SCHWARCZ é professora titular do Departamento de Antropologia da Universidade de São Paulo (USP). Foi *visiting professor* em Oxford, Leiden, Brown, Columbia e Princeton, e teve bolsa científica da Guggenheim Foundation. Fez parte do Comitê Brasileiro da Universidade Harvard (de 2009 a 2012) e é atualmente *global professor* pela Universidade Princeton. É autora, entre outros, de *Retrato em branco e negro* (Companhia das Letras, 1987), *O espetáculo das raças* (Companhia das Letras, 1993; Farrar Strauss & Giroux, 1999), *As barbas do Imperador — D. Pedro II, um monarca nos trópicos* (Companhia das Letras; Prêmio Jabuti de livro do ano de não ficção, 1999; Farrar Strauss & Giroux, 2004), *No tempo das certezas*, em coautoria com Angela Marques da Costa (Companhia das Letras, 2000), *Símbolos e rituais da monarquia brasileira* (Zahar, 2000), *Racismo no Brasil* (Publifolha, 2001), *A longa viagem da biblioteca dos reis*, com Paulo Azevedo (Companhia das Letras, 2002), *O livro dos livros da Real Biblioteca* (Biblioteca Nacional; Odebrecht, 2003), *Registros escravos* (Biblioteca Nacional, 2006) e *O sol do Brasil: Nicolas-Antoine Taunay e seus trópicos difíceis* (Companhia das Letras, 2008; Prêmio Jabuti de melhor biografia, 2009). Coordenou, entre outros, o volume 4 da *História da vida privada no Brasil: Contrastes da intimidade contemporânea* (Companhia das Letras, 1998; Prêmio Jabuti, 1999) e, com André Botelho, *Um enigma chamado Brasil* (Companhia das Letras, 2009; Prêmio Jabuti em Ciências Sociais, 2010). Dirige atualmente a coleção História do Brasil Nação (Mapfre/Objetiva, em 6 volumes; Prêmio APCA, 2011) e é autora do terceiro volume: *A abertura para o mundo: 1889-1930*, dedicado à Primeira República, publicado em 2012. Foi curadora das exposições: *Virando vinte: Política, cultura e imaginário em São Paulo, no final do século XIX* (São Paulo, Casa das Rosas, 1994-5), *Navio Negreiro: Coti-*

*diano, castigo e rebelião escrava* (São Paulo, Estação Ciência, 1994 e 1998), *A longa viagem da biblioteca dos reis* (Rio de Janeiro, Biblioteca Nacional, 2003-4), *Nicolas Taunay — Uma leitura dos trópicos* (Museu Nacional de Belas Artes e Pinacoteca do Estado de São Paulo, maio a setembro de 2008) e, junto com Boris Kossy, *A fotografia: Um olhar sobre o Brasil* (Instituto Tomie Otake, 2012, e Fundação Banco do Brasil, Rio de Janeiro, 2013). Em 2010, recebeu a Comenda da "Ordem Nacional do Mérito Científico".

## ÍNDICE REMISSIVO

I Congresso Brasileiro de Eugenia (1929), 26
I Congresso do Negro Brasileiro (1950), *43*
I Congresso Internacional das Raças (1911), 25
IX Recenseamento Geral (1980), 97
Abolição da escravidão, *19*, 40, 42, *99*
Adorno, Sergio, 89
África, 32, 44, 85-6, 93, 103, 115, 122*n*, 127*n*
África do Sul, 28, 41, 84
*Africanos no Brasil* (Rodrigues), 21
Aguapé, 107
Aleijadinho, 46, 124*n*
Alemanha, 39
alienação, 22
Almeida, Cícero de, 63
Almeida, Janet de, 64-5
Almeida, Manuel Antônio de, 114
Alves, Ataulfo, 61
Alves, Castro, 41
Alves, Francisco, 61
Amado, Jorge, 115
amarelos, 74-5, 90-1, 97, 127*n*, 131*n*
América Latina, 25, 128*n*
América portuguesa, 11
Américas, 17, 37
Andrade, Mário de, 45-6
André Filho, 61
Antonil, André João, 51, 118
Antônio Francisco, seu, 107
antropologia, 49, 129*n*
*apartheid*, 41, 79

Appiah, Kwame, 33
"Aquarela do Brasil" (Ary Barroso), 60
Arendt, Hannah, 38
Arinos, Afonso, *43*
Assembleia Legislativa do Estado do Rio de Janeiro, 84
Associação Brasileira de Imprensa, *43*
Azevedo, Thales de, 69

Babo, Lamartine, 97
bailes negros, 31
Bandeira, Manuel, 49
bandeirantes, 48
Bar Bodega, 117
Barbosa, Haroldo, 64-5
Barbosa, Rui, 41, 42
Barreto, Lima, 56-8
Barreto, Tobias, 21
Barthes, Roland, 20
Bastide, Roger, 69, 125*n*
Bastos, Nilton, 61
Batista, Wilson, 60-1
Benjamim, Walter, 52
biologia, 20, 23, 32-3, 38, 47, 68, 79, 84, 111
Boas, Franz, 49-50, 124*n*
"bom selvagem", 16
"Bonde São Januário, O" (Batista & Alves), 61-2
Botelho, André, 8
"Branca de Neve" (conto infantil), 10, 86, 108
*Brancos e pretos na Bahia* (Pierson), 58

branqueamento, 11, 25, 28-9, 34, 37, 39, 71, *87*, 91, 93, 105-6, 108, 123*n*, 127*n*
Brocos, M., 25, *87*
Buffon, conde de, 17
cabelo, cor do, 103
caboclos, 63, 97, 101
*Cadernos de Cultura Negra*, 126*n*
café, 55, 57, 101-2, 128*n*
Caifazes, 41
Camélias, Quilombo das, 41
Caminha, Pero Vaz de, 11-2
cana-de-açúcar, 49, 55
Candido, Antonio, 114
candomblé, 28, 40, 59, 86, 117
"Canibais, Os" (Montaigne), 15, 121*n*
Canudos, Guerra de, 25, 71
Caó, Carlos Alberto, 126*n*
capitalismo, 83
capoeira, 28, *35*, 59, 117-8
Cardoso, Fernando Henrique, 83, 85, 125*n*
Carlinhos Brown, 109
Carnaval, 64, 65, 117
*Casa-grande & senzala* (Freyre), 48, 124*n*
"Casa-Grande & Senzala" (Manuel Bandeira), 49-51
casamento, 81, 91-3
Catarina, rainha de Portugal, 12
Censo de 1890, 91
Censo de 1950, 72, 97
Censo de 1980, 97, 106
Censo de 2010, 116-7

censos, 97-8, *110*, 128*n*
Chrysanthème, madame, 121*n*
cidadania, 23, 36-8, 115
*Clarim da Alvorada, O*, 126*n*
clientelismo, 32, 37, 113
Código Penal de 1890, 59
conceito de raça, 20
*Conferência Mundial contra o Racismo, Discriminação Racial, Xenofobia e formas correlatas de intolerância* (Durban — 2001), 83-4
"conformação racial", 29
Contestado, Guerra do, 71
*Contos para crianças* (Madame Chrysanthème), 9-10
convivência racial, 55, 60, 65, 88, 108, 112, 115, 125*n*
cordialidade, 114
*Correio Paulistano*, 98, 105
Couto, Ribeiro, 114
criminalidade, 21-3, 59, 79, 81, 117, 121*n*, 126*n*
cristianismo, 86
Crow, Jim, 41, 123*n*
Cunha, Euclides da, 24

Da Matta, Roberto, 115, 118
darwinismo racial, 20, 22
democracia racial, 28, 30, 41, 45, 69, 72, 76, 86, 95, 111-2, 116-7
Denis, Ferdinand, 121*n*
Departamento de Imprensa e Propaganda (DIP), 61
Departamento Nacional de Propaganda (DNP), 61

desigualdade racial, 69, 77, 88
determinismo racial, 22, 38
Dia da Raça (30 de maio de 1939), 59
"dialética da malandragem", 114
Didi, mestre, 115
diferença racial, 21
discriminação, 31-2, 36, 58, 66-7, 69-72, 73, 76, 79, 81-3, 89-90, 93, 98, 109-111, 126n; *ver também* preconceito; racismo
Disney, Walt, 60
dominação racial, 42

educação, 32, 72, 76, 90, 93, 106, 109-10
*Elites de cor, As* (Azevedo), 69, 124n
embranquecimento, 91, 93, 106; *ver também* branqueamento
Engenho de Massangana, 54
epilepsia, 22
Escola de Belas-Artes do Rio de Janeiro, 25
Escola Paulista de Sociologia, 72, 125n
escolaridade, 90, 105
escravidão, 22, 27, 37-8, 40-2, 49, 51, 53-5, 58, 70, 83, 113, 119, 123n, 125n
escravos, 22, 29, 37, 39, 44, 48, 51-2, 55, 58, 97, 124n
Espanha, 13, 119
"especificidade nacional", 29
Espírito Santo, 31

*Estado do direito entre os autóctones do Brasil, O* (Martius), 18
Estados Unidos, 41, 51, 85, 123-4n, 126-7n
esterilização, 28
estratificação, 38, 71
eugenia, 28
Europa, 15-6
evolucionismo social, 21
exclusão social, 49, 56-7, 67, 72, 110-11, 115

Faculdade de Medicina do Rio de Janeiro, 28
Fernandes, Florestan, 69-72, 76, 109, 116, 125-6n, 128n
Ferréz, 119
FHC *ver* Cardoso, Fernando Henrique
*Folha de S.Paulo*, 30, 123n, 129n
Frente Negra Brasileira (1931), 126n
Freyre, Gilberto, 28, 48-52, 55, 58, 60, 116, 125n
Fry, Peter, 34
Fundação Estadual do Bem-Estar do Menor, 96
Fundação Palmares, 83
futebol, 28, 59, 118

Gama, Luís, 41
Gândavo, Pero Magalhães de, 11-5, 121n
Geertz, Clifford, 116
Gil, Gilberto, 104, 118

141

Grupo de Trabalho Interministerial para a Valorização da População Negra, 83
Guerras de Religião (Europa), 15
Guimarães, Antonio Sérgio, 93, 126*n*
"Haiti" (Caetano & Gil), 118
hierarquias sociais, 34
histeria, 22
*Histoire naturelle* (Buffon), 16-7
*História da Província de Santa Cruz* (Gândavo), 12
História e Cultura Afro-Brasileira e Africana (disciplina escolar), 84-6
Holanda, Sérgio Buarque de, 37, 114
homens, 14-8, 25-6, 37-8, 51, 91-3, 103, 108, 121*n*
Humboldt, Alexander von, 16

Ibase (Instituto Brasileiro de Análise Social e Econômica), 106
ideologias, 34, 38, 39, 41, 69, 111
igualdade racial, 68
Ilustração, 23, 39
imigrantes, 39, 42
impunidade, 24
imputabilidade, 21-2
inclusão social, 27, 49, 55-6, 62, 63, 110-1, 118
índios, 13-6, 26-7, 45-6, 48-9, 97, 100, 122*n*, 131*n*
Inglaterra, 10
Instituto Histórico e Geográfico Brasileiro (IHGB), 26, 52, 122*n*, 124*n*
*Integração do negro na sociedade de classes, A* (Fernandes), 74, 125-6*n*

Itália, 39

"jeitinho brasileiro", 61
João Congo, 98
João VI, d., 105
*Jornal do Brasil*, 73
jusnaturalismo, 21

Kennedy, John F., 85
Khel, Renato, 28
Koster, Henry, 105

Lacerda, João Batista, 25, 42, 47
lazer, 28, 76, 77, 110, 112
Lei Afonso Arinos (1951), 79-82
Lei Áurea (1888), 24, 123*n*
Lei Caó (1985), 83, 126*n*
Lei de Diretrizes e Bases da Educação Nacional (LDB), 85
Lerys, Jean de, 15
Lévi-Strauss, Claude, 113
liberalismo, 22, 38, 114
literatura brasileira, 114, 121*n*, 124*n*
livre-arbítrio, 21, 23, 24
Lula *ver* Silva, Luiz Inácio Lula da
luso-tropicalismo, 125*n*

*Macunaíma* (Mário de Andrade), 45-6, 59, 107, 124*n*
malandragem, 60-1, 68, 114-5
malandros, 61, 115, 118, 126*n*, 129*n*
Malta, Augusto, *19*
Marcelinho Carioca, 109

Martius, Carl Friedrich P.von, 17-8, 26-7, 124*n*
"Massangana" (Nabuco), 52, 57
Maximiliano José I da Baviera, rei, 17
MEC (Ministério da Educação), 84
médicos, 21
*Memórias de um sargento de milícias* (Almeida), 114
Mesquita, Custódio, 120
mestiçagem, 20, 24, 34, 39, 44, 47-9, 58, 60, 62, 68-9, 93, 112, 115, 118, 120, 124*n*, 127*n*
"Mestiçagem, degenerescência e crime" (Rodrigues), 21, 121*n*
mestiços, 22, 24-6, 28, 30, 42, 46-8, 50, 58-60, 63, 68, 97, 101, 103, 105, 124*n*, 127*n*
metafísica, 23
Métraux, Alfred, 69
Minas Gerais, 48, 102
Ministério da Justiça, 83
Miranda, Carmen, 60
miscigenação, 21, 27-9, 39, 42, 44, 49, 56, 66, 71-2, 101, 103, 111, 116
mobilidade social, 62, 71
modelo de beleza, *78*
monarquia, 27, 38, 40, 122-3*n*
Montaigne, Michel de, 15-6
moralidades, 20
Morrison, Toni, 33
Morro da Babilônia (Rio de Janeiro), *19*
mortalidade infantil, 90, 91
Movimento Negro Unificado (MN), 72, 83, 126*n*

mulata, 118
"Mulata brasileira" (Mesquita & Camargo), 120
mulatas, 66-8, *87*, 97, 101, 125*n*
"Mulato de qualidade" (André Filho), 61
mulatos, 41, 45-6, 49, 57, 60, 63, 67, 72, 74-5, 94, 97, 104-5, 108, 115, 118-9
mulheres, 92-3, 103
*Multiculturalismo e Racismo* (Seminário do Ministério da Justiça — 1996), 83
*Mundus novus* (Vespúcio), 12
Museu Nacional do Rio de Janeiro, 25
música, 56, 60, 64, 72, 111, 118, 125*n*

Nabuco, Joaquim, 41, 52-3, 55, 57-8
nacionalidade, 20, 47-8, 59, 123*n*
Nascimento, Abdias, 126*n*
"Navio negreiro" (Castro Alves), 41
"Negros criminosos" (Rodrigues), 21
neurastenia, 22
"Nina Rodrigues: um radical do pessimismo" (Schwarcz), 8
Nogueira, Oracy, 69, 98, 100
Nordeste, 54, 72, 74, 88, 128*n*
Nossa Senhora da Conceição Aparecida, 59
Novo Mundo, 17-8, 41, 120

"O que será de mim" (Alves, Silva & Bastos), 61

obscurantismo social, 21

Palmares, Quilombo dos, 40
pardas, 88-9, 90, 92-4, 100-1, 127n, 131n
pardos, 84-5, 89, 91-2, 97-8, 100, 104-6, 119, 127-8n
paternalismo, 32
Pauw, Corneille de, 17-8
Peixoto, Floriano, 48
Pelé, 109
Pereira, Luis, d., 12
Pernambuco, 52
Pesquisa Nacional por Amostra de Domicílio (PNAD), 90-1, 100, 103, 128n
Pierson, Donald, 58, 69, 124n
Pinto, Costa, 69
Pinto, Roquete, 26
Pitta, Celso, 109
Pixinguinha, 63, 65
poligenismo, 20
*Politicamente Correto & Direitos Humanos* (cartilha), 84
população branca, 74, 88, 90
população brasileira, 74-5, 91, 127n
população negra, 21-2, 26, 74, 83, 88, 90-1, 116-7, 127n
*Populações meridionais* (Vianna), 42
Portugal, 13
portugueses, 13, 14, 29, 44, 124n
*Povo brasileiro desde os tempos da colonização, O* (Ribeiro), 115
"Pra que discutir com Madame" (Barbosa & Almeida), 64-5

Prado, Paulo, 47
preconceito, 30-1, 57, 66, 68-72, 76, 79, 82-3, 100, 109, 111, 126n
Primeira República, 41, 71
"Princesa negrina, A" (conto infantil), 9, 10-1
"Professor de violão" (Sinhô), 62
Programa de Pesquisas sobre Relações Raciais no Brasil, 69
Programa Nacional de Direitos Humanos (PNDC), 83
*Progresso, O* (periódico negro), 126n

quilombos, 40-1, 123n, 128n

*Raça Brasil: A Revista dos Negros Brasileiros*, 108
*Raça e assimilação* (Vianna), 42
"raça social", 106
"Raças humanas e a responsabilidade penal, As" (Rodrigues), 21, 23
racismo, 22, 26, 30-2, 34, 36, 38-9, 55, 58, 66-7, 70, 72, 76, 79, 82, 89, 98, 109, 111-2, 116, 118, 126-7n
*Raízes do Brasil* (Buarque de Holanda), 114, 123n, 129n
"Recenseamento" (Valente), 66-7
*Recherches philosophiques sur les américans, ou Memoires interessants pour servir à l'histoire de l'espèce humaine* (Pauw), 17
*Recordações do Escrivão Isaías Caminha* (Lima Barreto), 57-8

*Redenção de Can, A* (Brocos), 25-6, *87*
"Regicida Marcelino Bispo, O" (Rodrigues), 21
religião, 15, 54, 56, 118
renda média, 89, 131*n*
*Retratos do Brasil* (Paulo Prado), 47
Revolta da Armada, 71
Revolta da Vacina, 71
Revolução Francesa, 16
Ribeiro, Darcy, 115
Ribeiro, René, 69
Rio de Janeiro, *19*, 25, 28, 31, 41, 57, 64, 69, *78*, 84, 88
Rio Grande do Sul, 83
Rodrigues, Nina, 20-4, 47, 121*n*
Romero, Sílvio, 21
Rosenberg, Fulvia, 90
Rotary Club, 102
Rousseau, Jean-Jacques, 16

Sá, Sandra de, 109
Sahlins, Marshall, 111
Saint-Hilaire, Auguste de, 105
salário mínimo, 116, 130-1*n*
Salazar, António de Oliveira, 125*n*
Salvador (Bahia), 58, 109
samba, 28, 59-66, 117-8, 120, 124-5*n*
"Samba de fato" (Pixinguinha & Almeida), 63
São Paulo, 30-1, 48, 69, 82, 88, 90, 104, 117, 119, 125-6*n*
saúde, 110
Segunda Guerra Mundial, 32
sexualidade, 49, 66, 103, 122*n*

Silva, Ismael, 61
Silva, Luiz Inácio Lula da, 84-5
Silva, Valle e, 89, 106
Sinhô, 62-5
Sociedade Nacional de Agricultura (SNA), 123*n*
Sowell, Thomas, 33
Spitzer, Leo, 38
Spix, J. Baptiste von, 17
"status racial", 105
Sudeste, 88
"Sur les métis au Brésil" (Lacerda), 25

Teatro Experimental do Negro, 126*n*
telenovelas, 108
*Teu cabelo não nega, O* (Babo & Valença), 97
*Times* (revista), 129*n*
"tolerância racial", 42, 70
*Tratado da Província do Brasil* (Gândavo), 12
Tupinambás, 15
Turner, Victor, 102

Unesco, 33, 69
Universidade de Brasília, 84
Universidade de São Paulo (USP), 106, 122*n*
Urubu, Quilombo dos, 40

vagabundagem, 68
Valença, irmãos, 97
Valente, Assis, 66
Vargas, Getúlio, 59, 71

Vasco da Gama (clube), 59
Veloso, Caetano, 104, 111, 118
Verger, Pierre, *35*, 115
Vespúcio, Américo, 11-2
*Viagem ao Brasil* (Spix & Martius), 18
Vianna, Oliveira, 42, 47
Vicentinho, 109
violência, 36-7, 42, 51, 68, 118, 123*n*

vitiligo, 105
*Voz da Raça, A*, 126*n*

Wagley, C., 69

Zumbi dos Palmares, 83

CRÉDITOS DAS IMAGENS

Página 9: Chrysanthème. *Contos para crianças*. Rio de Janeiro: Livraria Francisco Alves, 1912. Biblioteca Nacional, Rio de Janeiro.
Página 19: Augusto Malta. Museu da Imagem e do Som, MIS/RJ.
Página 35: Pierre Verger, 1963. Arquivo do Estado de São Paulo, Fundo Última Hora.
Página 43: Acervo Iconographia.
Página 73: Custódio Coimbra, Agência JB.
Página 78: Arquivo do Estado de São Paulo, Fundo Última Hora.
Página 87: Modesto Brocos, *A redenção de Can*, c. 1895. Museu Nacional de Belas-Artes, Rio de Janeiro.
Página 96: Sebastião Salgado, Amazon Images, Paris.
Página 99: Mauricio Simonetti, Pulsar.
Página 110: Rene Burri, Magnum Photos, Latinstock.

ESTA OBRA FOI COMPOSTA
EM CHARTER POR WARRAKLOUREIRO
E IMPRESSA EM OFSETE
PELA GRÁFICA BARTIRA EM
PAPEL PÓLEN DA SUZANO S.A.
PARA A EDITORA CLARO ENIGMA
EM ABRIL DE 2024

A marca FSC® é a garantia de que a madeira utilizada na fabricação do papel deste livro provém de florestas que foram gerenciadas de maneira ambientalmente correta, socialmente justa e economicamente viável, além de outras fontes de origem controlada.